Sonja Matthes

# Das kleine
# Teebuch

*Dieses Buch ist ein Gruß an alle, die Teefreunde sind,
und an alle, die es werden wollen.*

5 4 3
ISBN 3-88117-477-X

Gestaltung: Christiane Leesker, Kristin Labuch
Redaktion: Christiane Leesker
Verse, soweit nicht anders vermerkt: Sonja Matthes
© 1989, 1998 Verlag Wolfgang Hölker GmbH
Martinistraße 2, 48143 Münster
Vollständig überarbeitete und ergänzte Auflage,
erstmals erschienen unter dem Titel „Das Teebrevier"
Alle Rechte vorbehalten, auch auszugsweise

Printed in Belgium

# Inhalt

# Zur Einstimmung

Gute Freunde von drauß'
guter Tee im Haus,
dann macht mir alles
nichts mehr aus.

Das war eine der wichtigsten Lebensregeln meiner Großmutter. Regelmäßig gab es bei meinen Großeltern zum dritten Frühstück um elf Uhr guten Tee. Ebenso gab es um fünf Uhr nachmittags zum Vesper Tee. Und wenn ein Gast kam, saß man beim Tee und plauderte. Wenn der Großvater ins Heu auf die Geest fuhr oder in den Torf aufs Moor, dann füllte ihm seine Frau eine große Tonkruke mit Tee. Die Kruke war mit einem dickgepolsterten, engen Mantel umgeben und in Wachstuch eingenäht. Nur der geschwungene Henkel und der dicke Pfropfen auf dem schlanken Hals lugten hervor.

„Denn kumm man", sagte Großvater zu dieser Tee-Kruke, verstaute sie behutsam und fuhr los. Die Kruke hatte in ihrer Umhüllung die Gestalt einer Frau. Für mich im stillen war's die Großmutter.

Es sind manche Teebücher geschrieben worden aus verschiedenen fachlichen, kulturhistorischen oder merkantilen Gründen. In allen aber vermisse ich eines: Die Liebe zum Tee.

Deshalb möchte ich mein Teebuch schreiben in Liebe zum Tee und in Liebe zu meiner Großmutter, die einer Teekanne glich. Von ihr gibt es überlieferte Rezepte mit Tee, mit Tee und Rum – und um den Tee herum. Sie sind der Grundstock einer Rezeptsammlung, die den alten und neuen Teefreunden zum eifrigen Gebrauch weitergegeben werden soll, dazu Wissenswertes und Liebenswertes vom Tee.

> Tee – das Zärtste,
> Was die Erde hegt…
> *Ludwig Uhland im Teelied*

In China lebte vor fast fünftausend Jahren der Kaiser Tsching-Nung (2737–2679 v. Chr.). Er soll gesagt haben: „Tee weckt den guten Geist und die weisen Gedanken. Er erfrischt den Körper und beruhigt das Gemüt. Bist du niedergeschlagen, dann wird Tee dich erquicken." Schon vor fünftausend Jahren wußte man in China also um die verschiedenen Wirkungen des Tees.

Damals begleitete der Tee den Lebenskünstler auf dem Weg zu sich selbst, er ließ die Mönche wachen und frohen Sinnes ihre langwierigen Meditationen durchhalten, er verband sie beim gemeinsamen Trank aus *einer* Schale zur Einheit in Ehrfurcht vor Gott, er half ihnen in trüben Tagen der Krankheit.

Die Wissenschaft von heute hat bestätigt, was man einst nur ahnte: Tee ist uralt und zugleich so jung wie modern. Tee kennt keinen Altersunterschied, er ist für Alt und Jung gleich gut.

Tee ist ein Genußmittel. Derer gibt es viele. Tee unterscheidet sich jedoch in einem Punkt von allen anderen: Teetrinken ist ein Genuß ohne Reue. Wer kalorienbewußt lebt, kann unbesorgt sein: Tee pur hat keine Kalorien. Deshalb finden wir ihn auch in den von Ernährungswissenschaftlern und Ärzten entwickelten Programmen zur Fitneß, Diät und Entschlackung. Tee ist ein Lebensbegleiter. Für immer mehr Menschen ist er beim Frühstück am Morgen der Muntermacher. Er rüttelt uns nicht mit Gewalt wach, sondern die Phase, in der unsere Lebensgeister munter werden, setzt gemächlich ein und hält lange vor. Und wer erst erfahren hat, was in Versuchsreihen längst erwiesen wurde, daß nämlich Tee die Konzentration fördert und die Leistung steigert, für den gibt es nur eins: Er trinkt am Morgen seinen Tee. Und er trinkt ihn im Laufe des Tages, dazu muß er allerdings lernen, unter den vielfältigen Teesorten und auch hinsichtlich der Zubereitung die richtige Wahl zu treffen. Denn Tee gibt es für jede Gelegenheit.

Tee ist ein Begleiter durch Sommer und Winter. Es gibt so viele Variationen! Heißer Tee ist ein vorzüglicher Durstlöscher. Wie wohl ein heißer Tee im Winter tut, das hat mancher von uns dankbar erfahren, wenn er sich nach einem Schneespaziergang bei einer Tasse Tee aufwärmte. Wer's lieber kalt möchte, der genießt seinen Eistee. Auch diese herrliche Erfrischung läßt sich in vielerlei Geschmacksrichtungen bereiten. Tee ist ein Heilmittel, wenn auch kein Zaubertrank.

Gestern wie heute kennen wir die Therapie des Teefastens bei bestimmten Darmerkrankungen. Es versteht sich, daß dieser Tee, der die Darmwände beruhigen soll, anders zubereitet werden muß als ein Frühstückstee zum Wachwerden. Wenn wir uns mit den Bestandteilen im Tee genauer befassen (Pharmakologen haben die verschiedensten Untersuchungen durchgeführt), dann erfahren wir, welche positiven Wirkungen vom Tee ausgehen.

In froher und geselliger Runde zusammenzusitzen, eine oder mehrere Teesorten zu genießen, dazu allerlei süße oder würzig-salzige Beigaben zu reichen, das hat Tradition in gastfreundlichen Häusern. Beim Tee läßt sich's gut plaudern. Wir bleiben nüchtern und doch heiter, der Tee macht uns nicht zu Hitzköpfen, sondern zu geselligen Wesen.

## Zur Einstimmung

Aber auch ganz für uns allein können wir unseren Tee genießen in erholsamer Ruhepause, in stillen Stunden, nach dem Streß des Alltags, zum Abschalten – eigentlich zu jeder Zeit. Auch wenn sonst niemand zur Stelle ist: Tee meint es immer gut mit uns.

In heiterer Gelassenheit mag jeder, der sich angesprochen fühlt, den Weg zum Tee mit uns gehen. „In der Teeschale hat sich die Menschheit gefunden", sagt ein altes japanisches Sprichwort.

In der Literatur läßt sich der Tee so oft nachweisen, daß man ganze Bücher eigens damit füllen könnte. Nichts wird auf der Welt – außer Wasser – schon so lange und so viel getrunken wie Tee. Teegesellschaften wurden berühmt. Und viele Berühmtheiten äußerten sich zum Tee:

Wilhelm Busch schreibt in seinen Liebesbriefen: „Dem Tee hatt' ich so allnachgerade eine zarte platonische Liebe gewidmet …".

Ernst Barlach schreibt 1906 auf seiner Rußlandreise ins Tagebuch: „In den Büros, besonders in den Staatsbüros, soll der Samowar das Symbol der umschriebenen Arbeitsverweigerung sein. Unsere in Deutschland unverständliche, burschikose Redensart „Abwarten und Tee trinken" muß aus Rußland kommen. Da ist der Tee Erwecker aller behaglichen Plauderlust. Die summende Maschine läßt die Gemütsfibern anklingen und sänftigt alle wilden Forderungen des Willens nach Tat und Zweckarbeit…"

Berühmt sind die Tee-Nachmittage bei Goethe. Ibsen schwärmt geradezu vom Tee und setzt den katerlosen Teegenuß mit der idealen Liebe gleich. Heinrich Heine erzählt: „Sie saßen und tranken am Teetisch und sprachen von Liebe viel…" Lessing meinte: „Ob ich morgen noch leben werde, weiß ich freilich nicht. Aber daß ich, wenn ich morgen lebe, Tee trinken werde, weiß ich gewiß." Edgar Wallace war nur in Begleitung seiner silbernen Teemaschine unterwegs. Ohne Tee konnte er nicht schreiben, in seinem Geist, seiner Phantasie keine Handlungen ablaufen lassen, keine Spannung erzeugen.

# Geschichte des Tees

## Geschichte des Tees

**D**en Tee umgeben tausend Geschichten und Geheimnisse, und so sind auch diese beiden Versionen zu seiner Entstehung reine Mythen. Dunkel und rätselhaft bleiben die Ursprünge…

*„Einst schlief Buddhas Jünger Bodhidarma beim Meditieren ein. Da schnitt er sich, um wach zu bleiben, die Augenlider ab. Die fielen zu Boden, schlugen Wurzeln und trieben aus. Und Bodhidarma kostete von den zarten Blättern des grünen Strauches und war auf wunderbare Weise neu belebt."*

*„In China lebte vor fast fünftausend Jahren der Kaiser Tsching-Nung (2737 – 2679 v. Chr.). Einst ruhte er unter einem grünen Baum und ließ ein Feuer entfachen, um Wasser in einem Kessel zum Sieden zu bringen. Die von den Flammen verdorrten Blätter fielen ins Wasser, das sich alsbald vergoldete und köstlich mundete. Das bewog ihn, den fernöstlichen „Himmelstau" T'sa zu benennen: das Göttliche, das Erleuchtende."*

Tee wuchs wild, in China ebenso wie in Indien, in Assam und Manipur. In China wuchsen die Teesträucher vier Meter hoch. Sie vertrugen ein rauhes Klima und lieferten einen aromatischen Tee. Nur lohnte sich die Mühe der Ernte nicht, der Ertrag war gering. Die wilden Teebäume in Assam wuchsen fünfmal so hoch. In dem warmen Klima gediehen sie schnell und brachten eine gute Ernte, nur ließ das Aroma sehr zu wünschen übrig.

Vor etwa zweitausend Jahren begann man, den Tee zu kultivieren. Züchtungs- und Kreuzungsversuche dauerten bis in die jüngsten Jahrhunderte, dann war aus den Wildpflanzen endlich die Assam-Hybride geworden, ein Teestrauch, der in Ertrag und Aroma die Menschen zufriedenstellte.

Im Reich der Mitte, in China, spielte der Tee bereits sehr früh eine wichtige Rolle als Wirtschaftsfaktor. So ist es auch zu erklären, daß chinesische Kaiser schon vor unserer Zeitrechnung eine Teesteuer erhoben.

Hat man zuerst die Teeblätter gekaut? Es gibt nur Legenden darüber, wie der Tee schließlich als Getränk entdeckt wurde, als Handelsware und als Medikament (auch die Engländer benutzten den Tee zunächst als Heilmittel).

Das Teetrinken begann in China. Nur trank man ihn nicht immer so wie heute. Drei verschiedene Epochen zeichnen sich ab, drei sogenannte Teeschulen. Die erste – klassische – Schule ging vom Ziegeltee aus, etwa im fünften Jahrhundert. Die gedämpften Teeblätter wurden in einem Mörser zerkleinert. Aus der Masse wurden Ziegel geformt, die man trocknen ließ. So konnte man den Tee gut transportieren. Und wie wurde er zubereitet? Man nahm von diesem Ziegel und kochte den Tee wie Gemüse unter Zutat von allerlei Eßbarem, je nach Landschaft zum Beispiel

mit Mehl, Reis, Zwiebeln. Der Tee wurde restlos auf-
gegessen. Noch heute erinnern im Hochland von Tibet
die Teezubereitungen mancher Mongolenstämme
an diese klassische Schule.

Etwa tausend Jahre später erschien das
erste umfassende Buch über den Tee:
der Teeklassiker des Luh Yü (740
– 804 n. Chr.). Sein heiliges
Buch enthielt neue Gesetze,
die zur zweiten Epoche über-
leiteten, zur romantischen Schule. Das
Gemüseallerlei entfiel. Die getrocknete
Teemasse, der Zeeziegel, war geblieben, nur
röstete man die abgebrochenen Stücke jetzt
über dem Feuer, bis sie brüchig wurden.
Dann rieb man den Tee zu Pulver und
übergoß dieses mit kochendem, reinem
Quellwasser. Der Aufguß wurde mit einer
Art Schneebesen aus Bambus geschlagen.
Als Zutat war nur noch das Salz erlaubt, was

vielleicht damit zusammenhing, daß mancherorts die Wasserqualität zu wünschen übrig ließ.

In seiner Reinheit führte der Tee des Luh Yü zu einer neuen Kultur. Die Zubereitung des Getränks wurde zu einer Zeremonie in Andacht. Alles geschah symbolhaft. Im Kleinen achtete man das Große, alles war eingefügt in die vollkommene Harmonie.

Schließlich wurde auch das Salz aus dem Tee verbannt, und man preßte keine Ziegel mehr, sondern zerrieb die Blätter in Steinmühlen zu Pulver, das man bei Bedarf mit heißem Wasser übergoß und mit dem Bambusbesen zum „Schaum aus flüssiger Jade" schlug. Diese zweite Epoche eroberte das gesamte Reich der Mitte für den Tee.

Über die religiösen Strömungen und Entwicklungen im fernen Osten sind aufschlußreiche Bücher verfaßt worden. Hier sei nur erwähnt, daß Luh Yüs Ideale bald überholt waren. Der Taoismus entstand (Tao = der Weg). Die Teezeremonie wurde zu einem der Wege des Zen-Buddhismus und hatte zum Ziel, den Menschen bei seiner Selbstfindung zu leiten. Im dreizehnten Jahrhundert fielen die Mongolen ins Land ein. In den Verwüstungen dieser schrecklichen Zeit wurde die chinesische Kultur zerstört.

# Geschichte des Tees

Während der Ming-Dynastie, um die Mitte des fünfzehnten Jahrhunderts, versuchte China, das barbarische Joch wieder abzuschütteln. In dieser Zeit begann eine neue Tee-Epoche, die dritte, die naturalistische Schule. Jetzt brühte man die trockenen Teeblätter mit reinem Wasser auf. Diese Teeschule setzte sich durch.

Zu dieser Zeit gab es erste zaghafte Kontakte mit Europa, und so lernte unser Kontinent gleich die dritte Teeschule kennen.

Japan hatte schon um das Jahr 800 n. Chr. Berührung mit dem Tee, man begann mit dem Anbau. Mönche waren die Boten. Zen-Buddhismus und Tee hingen eng zusammen, die Teeschulen gestalteten sich zu Lebensschulen. Die wichtigsten Stationen auf dem Weg der Lebensmeisterung waren: *kei – wa – sei – jaku*: Ehrfucht, Harmonie, Reinheit, Stille. Auf dem Tee-Weg, dem *Cha-do*, verbanden sich Natur und Kunst und führten zu ethisch-religiöser Verinnerlichung.

Als sich in Europa das Teetrinken langsam durchsetzte, begann in Japan die „splendid isolation" (1637). Die Tore schlossen sich, und Japan schied bis 1857 als Handelspartner aus, während China sich nach Europa hin öffnete.

Für die allerersten Nachrichten vom Tee (zum Beispiel von Marco Polo, 1285) interessierte man sich in Europa nicht sonderlich. Erst nachdem

Vasco da Gama 1498 die Südspitze Afrikas umsegelt hatte und der Seeweg nach Indien entdeckt war, hörte man immer häufiger etwas über den Tee. Ende des sechzehnten Jahrhunderts hatten holländische Schiffer und Kaufleute das Getränk kennen- und schätzen gelernt.

Die Holländer gründeten ihre Ostindien-Company. Sie brachte den ersten Tee nach Europa, zuerst aus China und Japan, aber nach 1637 nur mehr aus dem Reich der Mitte. Der Siegeszug des Tees begann.

Zur gleichen Zeit wurde man in Rußland auf Tee aufmerksam. Der Zar bekam ihn zum Geschenk. Und er hatte besonderes Glück: Sein Tee hatte nicht in den muffigen Schiffsrümpfen, sondern auf dem Rücken der Tiere gelagert, die auf der alten Karawanenstraße von Peking durch die Wüste Gobi gezogen kamen.

Die Engländer hatten um 1650 ihre „East Indian Company" gegründet. 1664 schenkten sie ihrem König, Charles II., Tees der neuen Ernte aus verschiedenen Gärten. Das Geschenk war allerdings mehr eine Investition, die sich lohnen sollte. Wer fortan am englischen Hof etwas auf sich hielt, der schenkte bei Empfängen Tee aus. In Adelskreisen gehörte der Tee schon bald zu den kostbaren Mitbringseln. Der Genuß dieses neuen Getränks wurde noch teurer und exklusiver, als man den Zucker als Zutat wählte. Denn Zucker kostete seinerzeit etwa zwanzigmal soviel wie Brot.

# Geschichte des Tees

Trotz des hohen Preises setzte sich die Sitte des Teetrinkens durch, und daran hatte die Frau des englischen Königs maßgeblichen Anteil. Was wurde denn damals, auch bei feinen Gesellschaften, getrunken? Alkohol vornehmlich, wobei zu bezweifeln ist, ob es dabei immer sehr vornehm zuging. Jedenfalls war die frisch angetraute Gattin des Königs, Katharina von Braganza, eine portugiesische Prinzessin, entsetzt. Sie änderte die englischen Trinksitten mit Hilfe des Tees: Sie führte bei Hofe die Teestunde ein! Und der Sprung von England zum Festland gelang schnell; schließlich waren die europäischen Fürstenhäuser alle miteinander verwandt.

Die Ostfriesen bezogen ihren Tee längst von den niederländischen Nachbarn und Handelspartnern. Die Russen handelten mit ihrem Karawanentee. Europa wurde friedlich vereint – im Teetrinken.

Zur Zeit des Rokoko war alles Orientalische hoch in Mode: Tee, Seide, Gewürze, Porzellan. Auch in Europa entstanden berühmte Porzellanmanufakturen, die prachtvolles Teegeschirr schufen.

Die Engländer bauten ihre Monopolstellung immer weiter aus. Im Einziehen der Teesteuer waren sie unerbittlich, auch ihren nach Amerika ausgewanderten Brüdern gegenüber. Das führte schließlich zur sogenannten „tea-party" von Boston am 28. Dezember 1773. Ein Jammer um die 343 Kisten Tee, die damals in den Hafen von Boston geworfen wurden! Dieses Ereignis jedenfalls spielte eine bedeutende Rolle auf dem Weg Amerikas zur Unabhängigkeit vom britischen Mutterland, dessen strengen Abgaben und Auflagen man sich fortan nicht mehr um jeden Preis beugen wollte.

Sowohl die Ost- wie auch die Nordfriesen trieben am Anfang des achtzehnten Jahrhunderts Handel mit England und Holland. Aus ihnen wurden im Nu leidenschaftliche Teetrinker. Wer wie sie Sturm, Regen und Kälte gewohnt war, der spürte bald die segensreiche Wirkung des Tees. Er vollbrachte vielerorts eine weitere gute Tat und verdrängte den Alkohol. Tee wurde zur guten Gewohnheit.

Friedrich der Große ließ sich in Sanssouci ein Teehaus nach chinesischem Vorbild bauen. In England entstanden zum Ausgang des achtzehnten Jahrhunderts die herrlichen „tea-gardens", Treffpunkte der englischen Gesellschaft und aller Stände. Als 1803 die Insel Ceylon von den Engländern eingenommen wurde, brachte das einen bedeutenden Einbruch in die Idylle des Teetrinkens mit sich. Auf Ceylon hatten kurz vorher mohammedanische Händler Kaffeeplantagen angelegt. Unter englischer Krone wurde Ceylon weiter für den Anbau von Kaffee genutzt, englische Siedler machten Ceylon zur Kaffee-Insel. Kaffee kam in Mode. Im Mutterland wurden Cafés eingerichtet, die Zeit der „tea-gardens" war vorbei. Aber die Natur machte den Pflanzern einen Strich durch die Rechnung: Die Kaffeekulturen wurden krank und verkümmerten, Ceylon verarmte.

Den Ausweg aus der Misere fand ein kluger Schotte. Er versuchte es mit Tee, und er hatte Erfolg. Nach fünf Jahren harter Arbeit auf den Plantagen konnte man in London Tee aus Ceylon kaufen. Die Produktion stieg so schnell und stark, daß man innerhalb von zehn Jahren die Ausfuhrmengen des bis dahin größten Tee-Exportlandes China eingeholt und überholt hatte.

Als man 1869 den Suezkanal fertigstellte, wurden die Wege kürzer und die Schiffe schneller. Das alles kam der Qualität des Tees zugute. Teegenuß wurde zur Selbstverständlichkeit.

# Alles über guten Tee

## *Tee aus verschiedenen Anbaugebieten*

Tee ist nicht gleich Tee, wenn auch inzwischen rund um den Äquator Teeplantagen betrieben werden. Die Qualität hängt von der Bodenbeschaffenheit und der Höhenlage ab, von Güte und Alter des Teestrauches, von der Pflege der Pflanzen, von Klima- und Wettereinflüssen, vom Zeitpunkt der Pflückung und von der Sorgfalt bei der Verarbeitung. Zwischen dem Anbau von Tee und Wein lassen sich viele Parallelen ziehen, überhaupt zwischen Teekultur und Weinkultur, auch in der Zeremonie des Trinkens, des Genießens. Weder Tee noch Wein schüttet man unbesehen in sich hinein.

Für den Teetrinker beginnt diese Zuwendung nicht erst beim Trinken und Zubereiten, sondern schon beim Aufbewahren und beim Einkauf, also vom ersten Augenblick an.

Wir beschränken uns auf die wichtigsten Anbaugebiete. Der Weinkenner weiß, daß jede Ernte eigene Charakterzüge entwickelt. Der Tee aus einem Garten schmeckt auch nicht immer gleich. Wer immer genau dieselbe Geschmacksrichtung wünscht, der suche sich seine „blend", seine Mischung, die von den „tea tastern" der Handelshäuser jeweils entsprechend zusammengestellt wird.

Es wird sich eine neue Tradition einbürgern, jedenfalls bei den Menschen, die bewußt leben und genießen. So wie der Weintrinker „seine" Weinberge beim Namen nennt und kennt, so werden auch die Teegenießer, gerade nach den neuen Bestrebungen einzelner Teeplantagen oder kleinerer Gärten, in Sorgfalt und ohne Chemie zu arbeiten, sich ihre Teegärten merken.

## Assam

Assam ist das größte Anbaugebiet für Tee. Diese nordindische Provinz liegt zu beiden Seiten des Brahmaputra.

Assam-Tees sind schwer, kräftig, würzig, gehaltvoll, mit dunkler Tasse. Sie nehmen es auch mit härteren Wassergraden auf und lassen sich bei entsprechender Lagerung lange aufbewahren. Assams sind in vielen Mischungen enthalten, zum Beispiel in der ostfriesischen, auch in englischen. Man gibt dem Tee Milde, indem man außer Zucker (Kandis) Milch oder Sahne oder Rum zugibt. Die Ostfriesen schwören auf ihren Kluntje und ihr Wulkje.

## Darjeeling

Darjeeling ist ein wichtiges Tee-Anbaugebiet an den südlichen Hängen des Himalaya. Die Pflanzungen reichen von den großen Plantagen bis zu den kleinen Teegärten bis in eine Höhe von dreitausend Metern hinauf (bei uns ist dort längst die Baumgrenze überschritten!). Der Monsunregen (aber kein stehendes Wasser), starke Sonneneinstrahlung, kühle Nächte, ein dadurch verlangsamtes Wachstum, Vegetationspausen – das alles sind die Voraussetzungen für das besondere, feine Aroma. Sein „flavour" ist meist nussig, muskatel.
Darjeelings werden zu verschiedenen Jahreszeiten geerntet, ausgenommen sind etwa drei Monate vom Jahresende an. Die geernteten Tees unterscheiden sich in Qualität und Geschmack. Verschiedene Pflückungen derselben Pflanze bringen auch Tees von unterschiedlichem Geschmack hervor. Übrigens: beim Wein ist es ebenso!

Die erste Ernte des Jahres, „first flush", aus Darjeeling und Dooars ergibt Tees mit heller Tasse. Sie sind leicht, fein, blumig, von besonderem Aroma. Geerntet werden sie im März und April.

Ende Mai bis Mitte Juli folgt die zweite Pflückung, „second flush" genannt. Dieser Tee wird von Kennern sehr geschätzt, er ist charaktervoll, allerfeinstes Spitzenprodukt, schwerer, kräftiger, würziger, auch dunkler als der „first flush". Er wird so schnell wie möglich zu uns gebracht. Der höhere Preis ist sehr wohl gerechtfertigt. Nach dem Südwest-Monsun wachsen die Regentees, sogenannte „bread and butter teas", Gebrauchstees, deren Qualitäts-verlust sich schon aus der Schnellwüchsigkeit erklärt.

Im Herbst folgt noch eine weitere Ernte; die Herbstsonne verleiht diesen „autumnals" eine besondere Note.

Spitzenernten, Spitzentees sollte man wie Spitzenweine genießen, die Darjeelings möglichst ganz ohne Zusätze. Man würde sonst den zarten „flavour" überdecken. Weitere Angaben über Teegärten in Darjeeling usw. finden sich im Tee-ABC (S. 110 ff.).

## Südindien

Südindien hat sehr gute Voraussetzungen für den Anbau von Tee. Aus der ganzjährigen Ernte ragen an besonderen Qualitäten die Tees vom Hochland Nilgiri (um 2000 m) heraus, die Ähnlichkeit mit guten Ceylons haben. An der Westküste um Cochin wächst ein gehaltvoller „Kaltwettertee" von fruchtigem „flavour".

## Ceylon (Sri Lanka)

Auf Ceylon können infolge des Monsunregens das ganze Jahr über Tees geerntet werden. Natürlich schwankt die Qualität. So finden wir auf Ceylon Massentees und besondere Tees. Die großen Unterschiede ergeben sich aus den verschiedenen Höhenlagen der Plantagen (300–2500 m). Allgemein wird Ceylon-Tee als sympathisch herb charakterisiert. Er steht golden in der Tasse. Beim Ceylon-Tee unterscheiden wir folgendermaßen:

☞ Im Sommer regnet es im Westen. Im Osten wehen trockene Winde. In diesen Ostregionen, im Uva-Distrikt, werden jetzt gute Qualitäten geerntet.

☞ Im Winter bringt der Nordost-Monsun dem Osten der Insel Regen. Jetzt hat der Westen um Dimbula und Dickoya eine Trockenperiode, die Voraussetzung für gute Tees.

☞ Von besonderer Qualität sind die Ceylon-Tees vom Hochland im Zentrum der Insel. Um Kandy und im Distrikt Nuwara Eliya (= über den Wolken) wird im Januar/Februar ein Spitzentee geerntet, den wir in der Tasse an seiner kupferroten Farbe erkennen und an seinem natürlichen, also nicht zugesetzten „lemon-flavour".

## Java

Auf der indonesischen Insel Java regnet es den ganzen Winter über. Dann setzt die Trockenzeit ein, die bis zur Dürre führt. In dieser Zeit (Juli, August, September) wird guter Java-Tee geerntet. Da die Trockenperiode nicht schlagartig einsetzt, sondern mit wechselndem Wetter beginnt, entstehen im Tee die schönen „tips" aus den hellen Blattspitzen. Geerntet wird also das ganze Jahr über, aber nur drei Monate lang ein guter Java-Tee mit einem aparten, fruchtigen Geschmack. Javas werden auch in ostfriesischen Mischungen verwendet.

## Malaya

Malaya, die langgezogene Halbinsel mit Singapur and der Südspitze, liefert das ganze Jahr hindurch Tee, der keine besonderen Qualitäten aufweist, aber preiswert ist und sehr geschmacksneutral. Daher wird er einfachen „blends" zugesetzt, um den Preis der Ware zu ermäßigen.

## Sumatra

Sumatra, die erste große indonesische Insel, liegt genau auf dem Äquator. Das bedeutet ganzjährig Regen und tropische Wärme. Der Tee wächst hier sehr schnell, was die Qualität mindert. Nur im Sommer, wenn der Regen etwas nachläßt, werden gute Mittelwerte erreicht.

## Afrika

Auch in Afrika wird immer mehr Tee angebaut, zum Beispiel in Kenia. Klima und Bodenverhältnisse bieten gute Voraussetzungen. Wenn dann die Plantagen noch gut geführt werden, erreicht der Tee das Niveau mittlerer Ceylons. Die Plantage Marinyn liefert einen würzig-fruchtigen Tee mit hellem Aufguß und viel Gerbsäure.

Auch an den Ufern des Tanganyika-Sees bis hinauf zum Äquator wird das ganze Jahr über Tee geerntet. Aber nur in den Monaten Juli bis Oktober steigt die Qualität. Dieser Tee ist dunkler und schwerer als der Tee aus Kenia und entwickelt ein volles Aroma.

## Rußland

„Russischer Tee" erinnert wie „Karawanentee" an die Zeiten, als Tee aus China auf dem Landweg ins Zarenreich und nach Europa gelangte. Erst seit Beginn unseres Jahrhunderts gibt es Teeplantagen in Rußland, in Grusinien im Kaukasus. Hier wird der Tee oft vollautomatisch geerntet und verarbeitet. Es versteht sich von selbst, daß eine maschinelle Pflückung nicht mit der sorgfältigen Auslese per Hand gleichzusetzen ist, daß also die Qualität leidet. Außerhalb Rußlands findet dieser leichte Tee in erster Linie wegen des niedrigen Preises seine Abnehmer.

## China, Formosa (Taiwan), Japan

Die bisher genannten Länder liefern uns den schwarzen Tee. Dieser wird in nordischen Ländern bevorzugt. In China, Taiwan und Japan dagegen liebt man den grünen Tee. Deshalb wäre hier auf den Unterschied zwischen „schwarz" und „grün" einzugehen. Stellt jemand die Frage, wie chinesischer Tee denn beschaffen sei, so kann man keine eindeutige Antwort geben. China ist groß. Zum schwarzen und grünen Tee gesellt sich dann noch eine Zwischenstufe, der Oolong. Ein Oolong von Formosa ist etwas für Kenner!

Auch Japan beziehen wir in die Betrachtungen mit ein. Obwohl hier viel Tee angebaut wird, spielt das Land im Welthandel keine große Rolle, denn die Japaner trinken ihren Tee selbst. Die meisten Tees aus diesem Raum sind leicht und von einem feinen Aroma. Sie lieben weiches Wasser, ja, eigentlich läßt sich nur damit die Vielfalt und Zartheit dieser Tees voll erschließen. Gleichzeitig kann hier sofort ein weit verbreiteter Irrtum widerlegt werden, nämlich daß helle Tees grundsätzlich leicht sein müssen und dunkle schwer.

*Grüner Tee* stammt nicht von besonderen Teesträuchern, sondern wird durch eine andere Behandlung der gepflückten Blätter gewonnen.

Sie werden nicht fermentiert, man erreicht die Durchlässigkeit der Zellwände durch Wasserdampf. Dadurch bleiben die Blätter grün. Anschließend wird die Blattware sofort getrocknet, um die Oxidation/Fermentation zu verhindern. Durch den höheren Gehalt an nicht oxidierter Gerbsäure erklärt sich der leicht herbbittere Geschmack.

Die ersten Tees waren Grüntees. Schon damals sagte man diesem Tee Heilwirkungen nach. Heute läßt sich durch seriöse wissenschaftliche Forschung (besonders in Japan) belegen, daß tatsächlich günstige biologische und pharmakologische Wirkungen vom Grüntee ausgehen (bei Bluthochdruck, Herzbeschwerden, Alterungsprozeß, als Kariesschutz...). Allein der hohe Gehalt an Vitamin C, wenn er denn nicht durch zu heißes Wasser zerstört wird, kann uns schon zum öfteren Genuß des Grüntees verführen. Auch hier gibt es viele Geschmacksnuancen, auch zarte. Ich würde nicht gerade mit Gunpowder beginnen (Bei dieser herben Sorte wird das Blatt so gerollt, daß es einer Schrotkugel ähnelt, daher der Name.)

Das siedende Wasser sollte mindestens einmal umgegossen werden, um die Temperatur zu senken. Halten wir uns an die alte chinesische Zubereitung, dann ist der Grüntee ein sehr abwechslungsreiches und preiswertes Getränk: Die Chinesen waschen ihren grünen Tee, d. h. sie

## Alles über guten Tee

gießen Wasser auf und gleich wieder ab. Ob es notwendig oder für den Geschmack von Vorteil ist? Ausprobieren! Dann folgt der erste Aufguß mit einer Ziehzeit von etwa zwei Minuten. Wir probieren, wir schmecken unseren Tee. Es folgt der zweite Aufguß, bei dem dieselben Teeblätter wieder benutzt werden. Jetzt kennen wir unseren Tee schon, wir genießen ihn. Beim dritten Aufguß nehmen wir Abschied. Gibt es einen vierten Aufguß, so fordert dieser die Gäste auf, zu gehen.

Wer für den Abend oder Nachmittag einen zarten, lieblichen Tee sucht, dem sei ein *Sechung Oolong* empfohlen. Er stammt aus dem Raum Amoy, einer Küstenregion Formosa gegenüber. Das Aroma dieses Tees erinnert – ohne daß etwas zugesetzt werden mußte – an Pfirsich.

Weiterhin gibt es unter den chinesischen Tees die *Souchongs* mit mehr oder weniger rauchigem Geschmack. Schon sehr früh hat man diesen Tee produziert, und man erreichte die rauchige Note dadurch, daß beim Trocknen des Tees das Feuer mit einer harzreichen Fichtenart gespeist wurde. Bekannt ist der *Tarry Lapsang Souchong*. Natürlich finden wir in China auch voll fermentierte Schwarztees, zum Beispiel die *Keemuns*. Sie enthalten weniger Tein, haben ein mildes, weiches, zartblumiges Aroma. Wer am Nachmittag oder Abend einen Tee mit nur wenig Tein trinken möchte, der versuche es einmal mit dem lieblichen *China Keemun*

*Congou*. Ein chinesischer Schwarztee mit kräftigem „flavour" kommt aus Yünnan, ein ähnlicher Schwarztee wird auf Formosa an den Ufern des Sun-Moon-Sees im zentralen Hochland angebaut.

## Auf gute Partnerschaft!

Die Tee-Anbauländer leben nicht mehr im Zeitalter der Kolonialmächte. Weltweite Organisationen stehen Pate. Viele Tee-Plantagen und Teegärten werden moderner geführt als mancher europäische Betrieb. Man hat umgedacht und umgeschaltet auf ökologische Anbauweisen, auf natürliche Schädlingsbekämpfung zu unserem Wohle und zur Sicherung der eigenen Existenz, sie schonen die Gesundheit ihrer Mitarbeiter.

So schützen wir die Umwelt, unsere Gesundheit und die Gesundheit der Menschen, die auf den Plantagen tätig sind. Durch bewußten Einkauf und Zahlung eines fairen Preises sorgen wir für soziale Verbesserung in den Erzeugerländern.

Einer allein kann nicht viel bewirken, wenn wir aber alle diese Ideen unterstützen, helfen wir mehr als mit einer einmaligen Spende.

## *Anbau und Herstellung des Tees*

Für neue Teeplantagen muß der Boden oft dem Urwald abgerungen werden, darüber hinaus aber werden alte Pflanzungen gerodet. Die Wurzeln der Teepflanzen reichen tief in den Boden hinein. Früher wurden Teepflanzen bis zu hundert Jahre alt. Man ließ die Jungpflanze auch länger ruhen. Heute beginnt man schon nach zwei Jahren mit der ersten Pflückung. Dadurch wird die Pflanze zu stärkerem Wachstum angeregt. Im Wechsel wird leicht zurückgeschnitten oder stark gestutzt. Der Teestrauch wird gezogen wie ein „Pflücktisch", das heißt, die Krone endet breitgefächert in günstiger Pflückhöhe. Heute ist die Pflanze nach fünfundzwanzig Jahren verbraucht und muß wieder gerodet werden.

Früher wurden die Jungpflanzen aus Samen gezogen. Heute züchtet man Stecklinge von ausgesuchten Mutterpflanzen, versetzt sie mehrmals und gewöhnt sie langsam an die Sonne.

Der Teestrauch braucht Regen, aber er verträgt kein stehendes Wasser. Deshalb sind die Niederungen für Teeplantagen ungeeignet.

Tee braucht außerdem eine starke Sonneneinstrahlung. Dadurch läßt sich erklären, warum an hohen Berghängen mit hohem Anteil ultravioletten Lichts die feinsten Tees gedeihen. Das frisch gepflückte Blatt ist sehr empfindlich, eigentlich beginnt die chemisch Umsetzung sofort nach dem Pflücken. Der Weg von der Ernte bis zur Verarbeitung muß daher kurz sein, und so baute man die Fabriken mitten in die Plantagen hinein. Große Teeplantagen sind wie Dörfer, Lebensgemeinschaften. Alle haben mit dem Tee zu tun. Am arbeitsaufwendigsten ist das Pflücken, das besondere Sorgfalt, Geschicklichkeit und Sauberkeit erfordert. Hier sind die Frauen im Einsatz. Die Männer sind in den Fabriken tätig, ebenso beim Transport und bei der Bodenbearbeitung.

Je höher die Lage, um so kostbarer der Tee, um so schwieriger aber ist sowohl die Anlage der Plantage (bis hin zu kleinsten Teegärten) als auch das Pflücken und Abtransportieren. Beim Abliefern wird das Pflückgut genau geprüft, denn nur aus guter Blattware kann überhaupt ein guter Tee entstehen, der auch seinen Preis einträgt. Je nach Anlage der Plantage und Art der Pflückung bringt es eine Pflückerin zu ganz verschiedenen Tagesernten. Schafft sie unter günstigen Bedingungen etwa 30 kg frische grüne Blätter, dann verbleiben davon 6–7 kg schwarzer Rohtee, also etwa ein Viertel des ursprünglichen Gewichtes.

Pro Jahr können in Höhenlagen bis zu fünfzehn Ernten gewonnen werden, in niedrigeren Lagen etwa doppelt so viele. Aus der Blattware wird der Tee ohne Zusatz von Fremdstoffen hergestellt.

## Alles über guten Tee

Hier sollen nur die wichtigsten Arbeitsgänge aufgezählt werden. Wer sich genau informieren will, kann eine Flugreise in das Tee-Anbaugebiet seiner Wahl buchen. Diese gut durchorganisierten Reisen werden immer beliebter und schaffen eine enge Verbindung zum Verbraucher.

**Das Pflücken** übernehmen die Frauen. Sie sind dabei an Geschicklichkeit und Sorgfalt nicht zu überbieten. Gepflückt werden „two leaves and a bud", also nur die noch jungen Zweigspitzen. Genügt das Pflückgut nicht diesem Anspruch, fällt sofort der Preis.

**Das Welken** auf großen, feinmaschigen Gittern in zirkulierender Warmluft läßt die Blätter geschmeidig weich werden. So lassen sie sich später ohne Zerbrechen rollen.

**Das Rollen** muß sehr genau beobachtet werden. Dabei rollt die runde Maschinenanlage über die Teeblätter hinweg, mit genau abgestimmtem und wechselndem Druck, um die Zellwände nur soweit aufzubrechen, daß die ätherischen Öle erschlossen werden. Ein Zuviel oder Zuwenig an Druck würde die Teequalität mindern.

**Das Fermentieren** braucht viel Fläche, hohe Luftfeuchtigkeit und eine günstige Temperatur (um 23-28 °C). Im aufgeschlossenen Blatt setzen durch die Einwirkung der Luft bestimmte Vorgänge ein, Umwandlungen, die dem Tee Charakter und Farbe geben. Innerhalb weniger Stunden hat die Fermentation ihre günstige Stufe erreicht.

**Das Trocknen** bricht die Fermentation genau im richtigen Augenblick ab und wird in einem Raum bei etwa 80 °C vollzogen (Trocknen, nicht Rösten!)

**Das Sieben (Sortieren)** führt über Schüttelsiebe zum Aussortieren der verschiedenen Blattgrößen. Der Rohtee wird durch Aussieben sortiert. Die ausgesiebten verschiedenen Blattgrade können wir später bei einem guten Tee auf der Packung ablesen. Man darf diese „grades" nicht als Qualitätsangaben werten, sondern erfährt nur etwas über die Blattgröße. Diese Bezeichnungen sind alten Ursprungs, sie klingen teilweise ein wenig verwirrend, früher hatte oft jede Plantage ihre eigenen Blattbezeichnungen.
Die auf den Packungen angegebenen Sortierungen geben Auskunft über die Blattgröße und das Aussehen, z.B. „tips" = helle Blattspitzen.

## Die gebräuchlichsten Sortierungen

OP       Orange Pekoe. Das Blatt ist lang und drahtig, es ist größer als bei FOP. Bei der Bezeichnung „Orange" scheiden sich übrigens die Geister. Die einen sagen, das Wort hänge damit zusammen, daß man früher in China Tee mit Blüten von Orangen aromatisiert hat. Andere stellen einen Zusammenhang zu den ersten Teehändlern aus Europa her, den Holländern und ihrem Königshaus „Oranje", dann würde „Orange" soviel wie „königlich" bedeuten.

FOP    Flowery Orange Pekoe, bei Darjeelings auch

GFOP   Golden Flowery Orange Pekoe.

TGFOP  Tippy Golden Flowery Orange Pekoe. Hier haben wir Tee mit einem dünnen, drahtigen Blatt, dazu die „tips", hellbraun gebliebene Blattspitzen. Sie enthalten weniger Gerbstoff und haben deshalb beim Fermentieren eine weniger dunkle Färbung angenommen. „Tips" sind also ein Hinweis darauf, daß die Teeblätter jung sind.

P        Pekoe ist ein weiteres Geheimzeichen, das wir noch aufschlüsseln wollen. „Pekoe" bedeutet „weiß", es deutet darauf hin, daß man die helle Unterseite der jungen Triebe erkennen konte, die mit weißem Flaum besetzt war.

FP  Flowery Pekoe. Jetzt haben wir ein Teeblatt, das kürzer ist und etwas größer als „Orange Pekoe", außerdem ist es offener, weil es nicht ganz so fein gerollt wurde. Je weiter wir in der Sortierung fortfahren, um so kräftiger sind sie im Aufguß. Es folgen die „Broken" Tees:

FBOP  Flowery Broken Orange Pekoe, in Darjeeling auch

GFBOP  Golden Flowery Broken Orange Pekoe und

TGFBOP  Tippy Golden Flowery Broken Orange Pekoe. Diese Sortierung ist bei den kleinblättrigen Tees die feinste mit dem besten Aroma. Das Blatt ist sauber verarbeitet, gut gerollt und hat viele „tips", was besonders hübsch aussieht.

BOP  Broken Orange Pekoe, Gut gearbeitetes Blatt, weniger „tips", etwas kräftiger, aber nicht so blumig.

BP  Broken Pekoe. Hier unterscheiden wir: Bei der traditionellen Methode aus dem gröbsten Blatt geschnitten, mit Blattrippen, wird der Tee im Aufguß dünner. Handelt es sich um einen Tee, der nach der CTC-Methode hergestellt wurde, dann liefert diese Sortierung einen kräftigen Tee.

F        Fannings. (Manchmal auch BOPF oder OF, hier steht das F also am Schluß). In dieser Sortierung finden wir abgebrochene Blattsplitter, meistens Blattränder, keine Stengel und Rippen.

D        Dust ist die Bezeichnung für die allerkleinste Sortierung. Es handelt sich nicht (!) um Staub, sondern um die kleinsten Partikel. Fannings und Dust sind also kein Abfall. Man verwendet sie hauptsächlich in Teebeuteln. Je kleiner die Blatteile, um so mehr wurden die Pflanzenzellen zerstört, um so intensiver kam der Sauerstoff mit dem Zellsaft in Berührung, und das hat eine sehr starke Oxidation zur Folge gehabt.

Gießen wir heißes Wasser über diese Sortierungen, dann merken wir, daß der Tee sehr ergiebig ist und schnell eine dunkle Farbe bekommt. Es leuchtet ein, daß man diesen Tee nicht so lange ziehen lassen sollte wie einen Blatt-Tee größerer Aussiebung. Beuteltee ist ein Tee für Eilige.

Da die Bestandteile der Fannings und Dusts von den gleichen Blättern stammen wie die anderen Aussiebungen, ist es falsch, die Qualität von Dust und Fannings grundsätzlich für minderwertig zu erklären.

Ein neues CTC-Verfahren (crushing = zermalmen, tearing = zerreißen, curling = rollen) zieht weltweit in immer mehr Betrieben ein. Die Arbeitsgänge werden somit rationalisiert. Durch das Zermalmen und Zerreißen werden die Blätter vor dem Rollen viel stärker zerkleinert, das heißt, eine wesentlich größere Blattoberfläche wird der Oxidation ausgesetzt. Das Resultat ist eine kürzere Ziehzeit. CTC-Tees sind ergiebiger und dunkler. Die Sortierungsgrade beginnen bei „broken".

Verfolgen wir den Werdegang des Tees weiter. Die Tee-Importeure testen, probieren und ordern. Die Tee-Auktionen finden zum Beispiel in Colombo, Cochin, Kalkutta, Djakarta (Indonesien), Rotterdam und London statt. Empfindliche Tees, besondere Ernten, werden auf dem Luftweg in unsere Nähe gebracht, die normale Ware gelangt auf dem Seeweg zum Empfänger. Beim Importeur beginnt jetzt die Arbeit der „tea taster" (Teeverkoster), die mit feiner Zunge, empfindsamer Nase und prüfendem Blick in einer genau einzuhaltenden Teeprobe die Qualitäten prüfen und charakterisieren. Reine Sorten, die Spitzentees aus den Teegärten und von den besten Teeplantagen, werden unverfälscht, ungemischt angeboten. Auf der Packung erfahren wird den Namen des Gartens, der Plantage oder des Distrikts, zum Beispiel: *Tukdah, Tigerhill, Tumsong, Pingsuey, Szechuan, Castleton* ... (vergleichbar mit Weinlagen).

## Alles über guten Tee

Die meisten Tees werden unter verschiedenen Gesichtspunkten zu Mischungen, Bouquets (blends), zusammengestellt. Manchmal sind bis zu zwanzig Sorten in einer solchen Komposition enthalten. Die „tea taster" sorgen dafür, daß diese Tees, die „blends", immer gleich schmecken und von gleicher Qualität sind. Ein Beispiel ist der *Earl Grey*, zusammengestellt aus indischen und chinesischen Tees, aromatisiert mit Bergamotte-Öl.

Damit sind wir bei den aromatisierten Tees angelangt, die sich einen guten Platz erobert haben (vgl. S. 48). Die Idee ist nicht neu, man knüpft hier an alte chinesische Traditionen an. Da ist der Rauchtee, seit alters her in China beliebt, dann der Jasmintee, dem man während des Trocknens die stark duftenden Jasminblüten beigibt. Die Mauren fügten ihrem grünen Tee immer schon frische Minzblätter zu, um ein besonders erfrischendes Getränk zu erhalten. Auch Orangen- und Peccoblüten benutzen die Chinesen zum Aromatisieren. Durch Zusatz spezieller Aromaträger entstehen Tees von besonderer Note. Und wenn das Einkaufen von Tee schon eine Vertrauenssache ist, dann muß bei aromatisierten Tees ganz streng auf Qualität geachtet werden, auf Markenware. Gerade hier wird gerne versucht, schnell eine billige Ware, eine minderwertige Sorte zu „frisieren" und fantasievoll verpackt an den Käufer zu bringen. Von „Morgentau" bis „Sonnenuntergang" ist alles möglich, nur hält diese Frisur nicht lange. Wenn wir die Packung zu Hause öffnen, steigt uns eine umwerfende Duftwolke entgegen, und das war's dann auch schon. Was bleibt, ist fad und künstlich.

Also: Nichts gegen aromatisierte Tees, doch nur dann, wenn sie aus gutem Hause sind! Aromatisierte Tees sind oft ein guter Einstieg ins Teetrinken. Die einen beginnen mit Tees, die nach etwas Bekanntem, Vertrautem schmecken, zum Beispiel Aprikose, Brombeer, Wildkirsch… Andere reizt das Exotische, das auch zu den heute so beliebten exotischen Gerichten paßt: Mango, Lotos, Kiwi, Ingwer…

## *Aromatisierter Tee*

Es gibt bei uns zur Zeit etwa einhundert aromatisierte Tees. Bevorzugt werden aber wenige Sorten. Wie seit Jahrzehnten liegt die Geschmacksrichtung „Earl Grey" (mit Bergamotte-Öl) an der Spitze, augenblicklich mit 40%. Das hängt auch mit seiner langen Tradition zusammen.

Dann folgt „Vanille", den schon meine Großmutter selbst herstellte. An dritter Stelle steht mit 12% „Wildkirsche", gefolgt von „Maracuja" und „Tropic". Alle übrigen Aromatees teilen sich das verbleibende Fünftel.

Wichtig ist, den Hinweis auf natürliche Aromen zu beachten, auch wenn dieser Tee etwas teurer ist. Manchmal lesen wir: „naturidentisch". „Natur" klingt gut, aber „identisch" besagt, daß dieses Aroma aus dem Chemielabor stammt, nicht von Blüten, Früchten und ätherischen Ölen.

Die Food-Großindustrie versucht, durch immer gleiche Aromatisierung unsere Sinne abzustumpfen und auf dieses eine Produkt festzulegen. Der ursprüngliche Genuß, alle Feinheiten und Eigenheiten gehen damit verloren. Lassen wir unsere Sinne nicht verkümmern! Ich möchte nicht, daß ein Nahrungsmittel auf chemischem Wege auf „Apfel" getrimmt wird und nun immer in gleicher Weise nach „Apfel" schmeckt. Ich möchte die vielen ursprünglichen Nuancen unserer herrlichen Apfelsorten kosten.

Zu den aromatisierten Tees ein paar Tips:

☞ Aromatisierte Sorten sollte man nicht zu stark aufbrühen. Das Aroma muß zart bleiben, unaufdringlich, sonst widerstrebt es einem schnell.

☞ Linienbewußte mögen die aromatisierten Tees lieber, weil man sie gut ohne Zucker trinken kann. Tee pur hat keine Kalorien, löscht den Durst und hilft, den Hunger zu überwinden – und dabei munter zu bleiben.

☞ Für erfrischende Eistees und damit angesetzte Bowlen eignen sich aromatisierte Tees hervorragend.

Schon Eisai (1141–1215) sagte: Um unsere Gesundheit zu pflegen, ist Tee der beste Heilstrank. Er ist ein geheimes Mittel, um unser Leben zu verlängern.

## Die Tee-Apotheke

Eine der besten Apotheken ist die Tee-Apotheke. Es liegt schon ein besonderer Reiz im Auswählen und Probieren der Tees, die uns gefallen. Am besten läßt man sich im Tee-Fachgeschäft beraten und nimmt zunächst kleine Mengen mit, um erst einmal zu kosten. In diesen Geschäften wird oft auch Tee zum Probieren ausgeschenkt.

Bei der Auswahl geht man von den gleichen Merkmalen aus wie beim Wein: *color, odor/flavour, sapor*, das sind: Farbe, Duft/Aroma und Geschmack. Drei Sinne sind also aktiv, um uns bei der richtigen Wahl zu helfen. Proben und prüfen heißt: sich Zeit nehmen. Halten wir es mit einem weisen Chinesen: „Man trinkt Tee, um den Lärm der Welt zu vergessen."

Was den Tee so beliebt macht, hängt nicht nur mit seinem Aussehen, Geschmack und Duft sowie dem günstigen Preis zusammen, sondern liegt in seinen positiven Wirkungen auf den menschlichen Organismus. Das läßt sich durch jahrzehntelange internationale Forschungen belegen:

*Koffein* ist gleich Tein (1,5–4%), wirkt belebend.
*Gerbstoffe* (8–20%) oder
*Tannine* wirken beruhigend auf Magen und Darm. Koffein ist im Tee an

die Gerbstoffe gebunden, daher die günstige Steuerung.

*Ätherische Öle* wirken als Duft und Aroma. Es wurden noch lange nicht alle Bestandteile in den ätherischen Ölen entdeckt.

*Fluor* wirkt gegen Karies.

*Kalium* wirkt aktivierend auf die Enzyme im menschlichen Körper.

*Thiaphyllin* wirkt entwässernd, hat außerdem eine anregende Wirkung auf das zentrale Nervensystem, ohne das Herz zu belasten. Nachgewiesen ist ebenfalls eine günstige Wirkung auf die Blutgefäße.

*Theobromin* wirkt ebenfalls entwässernd.

*Mangan* wirkt senkend auf den Blutzuckerspiegel. Ein Liter Tee deckt den halben täglichen Bedarf.

*Vitamin-B-Gruppe:* Thianin, Folinsäure, Panthothensäure, Niacin, geringe Mengen Riboflavin wirken als „Wachstumsvitamine" und bei älteren Menschen zur Erhaltung der Vitalität. Spürbare Wirkung schon bei zwei bis drei Tassen täglich.

*Theanin* wirkt dem Streß entgegen.

*Vitamin C* wirkt zum Schutze unserer Gesundheit.

Nicht enthalten:
Röststoffe, Kochsalz, Joule (Kalorien), dadurch also keine Belastung.

## Alles über guten Tee

Aus Mangel an Kenntnis und Information wird der Tee auch heute noch von vielen Menschen falsch zubereitet, somit kann er seine segensreiche Wirkung gar nicht erst entfalten. Trotz aller Analysen und Versuche glaube ich aber nicht, daß des Rätsels Lösung letztendlich gefunden wurde. Wahrscheinlich liegen die wohltuenden Wirkungen, die man seit alters her ahnte, gerade im Zusammenspiel der verschiedenen Stoffe.

Wir wollen nicht zu Chemikern werden. Gleichwohl brauchen wir einige Kenntnisse: Da ist zunächst das Tein, ein Alkaloid wie das Koffein, mit stimulierender Wirkung. Da das Koffein im Tee an die Gerbstoffe gebunden ist, werden Herz und Kreislauf geschont, und doch wird die Gehirndurchblutung angeregt, der Stoffwechsel im Gehirn wird erhöht. Hier liegt die nachweisbare und nachgewiesene Steigerung der Konzentrations- und Reaktionsfähigkeit nach dem Teegenuß. Tee putscht nicht auf, sondern regt an. In einer Tasse Kaffee sind 0,1 g Koffein enthalten, in einer Tasse Tee meist weniger als die Hälfte (0,05 g). Die besonders günstige Wirkung auf Nerven und Gehirn erklärt sich aus dem Vorhandensein der Vitamin-B-Gruppe.

Die Gerbsäuren wirken beruhigend auf Magen und Darm. Wenn in den weisen Sprüchen der alten Chinesen also von Anregung *und* Beruhigung die Rede ist, dann ist das nur scheinbar ein Widerspruch. Des Rätsels

Lösung liegt ganz einfach in der sinnvollen Einrichtung der Natur, daß die verschiedenen Stoffe sich zu verschiedenen Zeiten lösen. Das ist der Schlüssel zum Geheimnis. Und deshalb müssen wir unseren Tee mit so großer Sorgfalt zubereiten. Zuerst löst sich das Koffein – etwa in den ersten drei Minuten. Dann lösen sich die Gerbsäuren – etwa bis zur fünften Minute. Es gibt kleine Sanduhren für Telefongespräche, oder man nimmt eine Eieruhr, oder man konzentriert sich wirklich auf die Minutenangaben der Küchenuhr, um die Zeit genau zu messen.

Hier beginnt ein wichtiges Kapitel der Aufklärung. Aus Mangel an Information wird auch heute oft falsch gehandelt. So traf ich in Brüssel ein junges Mädchen in der Heerschar der Europa-Bediensteten, das sich durch starken Tee wachzuhalten versuchte. Es ließ den Tee eine halbe Stunde lang ziehen, es dachte, je länger der Tee zieht, umso stärker wird er. Tapfer ertrug das Mädchen den bitteren Geschmack. Wie mag die Arme unter Verstopfung gelitten haben!

☞ Wer also einen besonders anregenden Tee trinken möchte, der lasse ihn nicht länger als drei Minuten ziehen.

☞ Wer einen besonders beruhigenden Tee trinken möchte, der lasse ihn fünf Minuten ziehen.

Steigern lassen sich die *anregende* oder *beruhigende* Wirkung des Tees auf einfache Weise:

☞ Für einen *anregenden* Tee nehmen wir mehr Teeblätter als normal, gießen wie gewohnt auf, rühren gut und kräftig um und gießen schon nach zwei Minuten vom Blatt.

☞ Für einen *beruhigenden* Tee am Abend nehmen wir weniger Teeblätter als normal, gießen sie auf wie gewohnt, lassen sie fünf Minuten ziehen, rühren um und sieben ab.

Welche Menge an Teeblättern aber ist normal? Meistens heißt es: ein Teelöffel pro Tasse. Aber nicht nur die Teelöffel und die Teetassen sind verschieden, auch das Volumen des Tees ist sehr unterschiedlich. So ist ein Teelöffel voll kleinblättrig gebrochenen Tees wesentlich mehr als ein Teelöffel voll feiner FOP-Darjeeling-Blattware. Dieser vielzitierte Teelöffel ist also nur eine Art Mittelwert. Teetrinker sind keine Fanatiker. Jeder mag sein eigenes Maß finden.

Auch hierbei lassen wir uns am besten im Teegeschäft beraten, denn es gibt Tees mit mehr oder weniger Gerbsäuren und mehr oder weniger Koffein. Wer am Morgen und am Abend Tee trinkt, der hat in seiner Tee-Apotheke also mindestens einen Morgen- und einen Abend-Tee.

## *Kauf, Aufbewahrung und Zubereitung*

Immer noch trinken die Deutschen im Durchschnitt jährlich 220 g Tee und die Ostfriesen mehr als das Zehnfache. Erfreulich ist, daß etwa zwei Drittel der Teemenge als lose Ware gekauft wird, nur knapp ein Drittel als Aufgußbeutel. Und wo kaufen wir Deutschen unseren Tee? Immer mehr Menschen wollen nicht einfach die Ware Tee, sondern suchen spezielle Sorten und vor allem fachliche Beratung. In allen Bundesländern steigt der Anteil der Tee-Fachgeschäfte kontinuierlich und damit der Verbrauch an hochwertigen Tees. Einkaufen soll Freude machen! Man nimmt sich Zeit dafür und genießt das Ambiente. Man fragt nach Qualität, nutzt die Auswahl, die Möglichkeit des Probierens und den weiteren Service des Fachgeschäftes.

Goethe hat einmal gesagt: „Der ist nicht wert des Weins, der ihn wie Wasser trinkt." Das gilt auch für unseren Tee. Der Genuß beginnt mit einer kleinen Ouvertüre: mit der sorgsamen und geruhsamen Zubereitung. Die Sorgfalt beginnt schon bei der Aufbewahrung. Ein licht*un*durchlässiges Gefäß schützt die Vitamine. Ein neutrales Material und ein luftdichter Abschluß bewahren das Aroma und die Frische. Tee gehört nicht in den Gewürzschrank. Die Ferne von Käse versteht sich von selbst.

## *Fünferlei braucht man für einen guten Tee*

### *1. Guter Tee*

Guter Tee ist nicht teuer. Wer eine Sorte mehr im Haus hat, ist kein Verschwender, sondern ein Genießer. Und er kommt länger damit aus. Wer sich die Mühe macht, einmal auszurechnen, was eine Tasse Kaffee kostet, ein Glas Milch, eine Limonade, der wird im Vergleich freudig feststellen, wie preiswert der Tee ist. Kleine Rechenhilfe: Aus einem Pfund Kaffee gewinnt man rund 60 Tassen, aus einem Pfund Tee etwa 200 Tassen!

Wenn wir echte Teetrinker sind, das heißt, wenn wir den ganzen Tag Tee trinken, dann haben wir uns beraten lassen, welche Tees am besten als „Early Morning Tea" geeignet sind, welche besser als „Five o'clock Tea" getrunken werden oder als „Late Evening Tea". Das hängt vom verschiedenen Gehalt an Koffein und Gerbsäuren ab. Hier ein paar Anregungen:

☞ *Morgens:* Assam-Tees, ostfriesische Mischungen, normale Ceylon-Mischungen, gute Uva-Tees, English Breakfast Tea, Nowera Nuddy, Russische Mischungen, bei den Darjeelings besonders die Autumnals, südindische Tees wie Yellapatty.

☞ *Vormittags:* Oolongs, Darjeelings, z. B. second flush, Ceylon-Assam-Mischungen, südindische Tees, Sun-Moon-Tee, ostfriesische Mischungen, Nowera Nuddy.

☞ *Nachmittags:* leichtere Ceylons, Darjeelings, auch first und second flush, Sechung Oolong, chinesische Tees, z. B. Rosentee, Keemuns, Nuwara Eliya, Formosa, Nepal, Kenia, Grusinischer Tee, aromatisierte Schwarztees, russische Mischungen.

☞ *Abends:* Darjeelings, Nuwara Eliya, chinesische Tees, z. B. Oolongs und Souchongs, mildere Assam-Tees, Tee aus Grusinien und Kenia, entsprechende Tees auch aromatisiert, besonders geeignet: Keemuns.

## 2. Gutes Wasser

Die alten Chinesen empfahlen für die Zubereitung des Tees das reine Wasser eines Bergquells. Damit dürften wir unsere Schwierigkeiten haben. Dieser Bergquell ist auch nicht mit Mineralwasser gleichzusetzen oder gar dadurch zu ersetzen. Das gesunde Mineralwasser trinken wir besser kühl und pur.

Wir bekommen unser Wasser aus der Leitung und haben uns mit den Qualitäten abzufinden, die aus den Wassereinzugsgebieten unserer

Gegend stammen und von den Wasseraufbereitungsanlagen unseres Wasserwerkes weitergegeben werden. Haben wir Glück, dann ist es ein weiches Wasser, „Teewasser". Haben wir Pech, und das Wasser ist hart, dann hilft für unser Teewasser nur ein Gerät zum Enthärten. Wie das Wasser beschaffen ist, erfahren wir beim Wasserwerk. Heute werden Wasserfilter angeboten, die uns quellwasserähnliche Qualität für die Teezubereitung bieten. Sie filtern Bakterien und Viren ebenso aus wie Schwermetalle (alte Bleirohre!) und Chemikalien, besonders haben sie es auf den Kalkgehalt abgesehen, der unser Leitungswasser in vielen Gegenden als Teewasser unbrauchbar werden läßt. Der Einsatz eines solchen Filters schützt also unsere Gesundheit und erhöht den Teegenuß.

Je weicher das Wasser ist, um so besser können sich natürlich auch Spitzentees voll entfalten. Auch die Wasserbeschaffenheit ist also beim Teekauf zu berücksichtigen. Bei zu hohen Härtegraden lohnt sich leider der Einkauf eines teuren Spitzentees nicht mehr. Man sollte sich dann auf robustere Sorten beschränken, die es auch mit härterem Wasser noch aufnehmen.

Das Teewasser sollte nicht gestanden haben (im Kessel oder in der Leitung – oder gar im Boiler). Es wird frisch aufgesetzt und darf nur kurz sieden (perlen), nicht brodeln. Es sei denn, man muß dem Chlorgehalt im Wasser zu Leibe rücken. Dann läßt man es kurz aufkochen, gibt einen Schuß kalten Wassers hinzu und läßt es nochmals kurz aufwallen. Hierbei sollte der Deckel vom Kessel genommen werden. Wir stehen startbereit, um mit dem siedenden Wasser sofort hantieren zu können.

## 3. Gutes Gerät

Ein paar Worte über das Teegeschirr. Es muß nicht unbedingt teuer sein, wohl aber teefreundlich, das heißt, aus neutralem Material: Glas, Porzellan, Steingut, Ton, Edelmetall. Billige Metallkannen sollte man tunlichst meiden, ebenso Keramik mit schlechter, manchmal gar giftiger Glasur. Beim Aufgießen will sich das Teeblatt entfalten. Wir erinnern uns, wieviel Feuchtigkeit ihm entzogen worden ist. Das Teeblatt soll frei schwimmen, deshalb ist die Teekanne bauchig. Spül- und Scheuermittel gehören nicht in die Teekanne, das ist beim Kauf eines gläsernen Teegeschirrs zu bedenken! Die Teekanne wird vor dem Gebrauch nur mit heißem Wasser ausgeschwenkt. Sollte sich im Laufe der Zeit in der Kanne eine „Tee-Patina" absetzten, dann schadet das nichts. Sie kann nur nach Tee schmecken.

## 4. Gute Zubereitung

Ganz gleich, ob wir den Tee kurz oder lange ziehen lassen, es gibt verschiedene Möglichkeiten der Zubereitung:

☞ *Teebeutel.* In den Teebeuteln der Markenfirmen befindet sich ebenso guter Tee wie im übrigen Angebot, nur daß in den Beuteln die Fannings verarbeitet werden. Teebeutel liefern den Tee für Schnelle in zweierlei Hinsicht: Einmal ist die Zubereitung denkbar einfach, und außerdem verkürzt sich die Dauer des Ziehens. Dieser sehr ergiebige Tee steht schnell dunkel in der Tasse. Bei manchen Gelegenheiten ist diese Zubereitung praktisch und wünschenswert einfach. Wer es sich aber leisten kann, in Ruhe die Vorbereitungen zu treffen, der gewinnt auch an Ruhe, Entspannung. Wenn ich ein Café aufsuche, um eine Rast einzulegen, dann ist es für mich die größte Freude, wenn der Tee nicht auf die Schnelle serviert wird, sondern gepflegt, mit Sorgfalt. Wer einmal das Glück hat, mit genügend Zeit durch Paris zu laufen, der sollte es nicht versäumen, eines der größten Tee-Fachgeschäfte aufzusuchen und dieses Flair zu genießen! Ich meine das „Mariage

Frères". Etwa 500 Teesorten stehen hier zur Auswahl, die der Kunde verkosten kann. Ob wir die teure „Silberne Nadel" suchen oder einen preiswerten Tee aus Afrika, hier kommt jeder auf seine Kosten.

In hohen Gläsern stand,
wie aus flüssigem Gold gegossen,
verheißungsvoll der Tee.
Und eh' wir genossen,
knistert am Grunde das Kandiskristall.
wir schwiegen und lauschten
der Stille Widerhall.

☞ *Teefilter und Netze.* Die Filterpapiere sind nach modernen Erkenntnissen so gearbeitet, daß sie geschmacksneutral sind. Die Teenetze aus Baumwolle werden im Laufe des Gebrauchs braun. Das macht nichts. Sollten wir verschiedene Tees aufbrühen, dann empfiehlt es sich, auch verschiedene Teenetze zu verwenden, für jeden Tee ein eigenes. Besonders bei aromatisierten Sorten muß dazu geraten werden, denn im Baumwollgewebe bleibt etwas vom Aroma haften, das läßt sich nicht verhindern.

Es gibt auch Kannen mit eingebautem Filter. Hier muß man beim Kauf darauf achten, daß die Lochung nicht zu groß ist, sonst nützt der Filter nichts, jedenfalls nicht viel. Außerdem muß der Filter tief genug in die Kanne hinabreichen. Arbeiten wir mit Filter oder Netz, dann brauchen wir nur die Kanne heiß auszuschwenken (gründlich), Netz oder Filter einzusetzen, die Teeblätter einzufüllen und mit frisch siedendem Wasser aufzugießen. Die Blätter müssen im Netz oder im Filter weitgehend von Wasser bedeckt sein. Nach der gewünschten Ziehzeit entfernen wir Filter oder Netz und haben nun unseren fertigen Tee.

Das Teeblatt braucht zur vollen Entfaltung seiner Wirk- und Geschmacksstoffe viel Raum. Die Blätter wollen schwimmen, umspült werden. Von daher verbietet sich ein Tee-Ei. Bis der Tee in unsere Hände gelangte, wurde viel Sorgfalt daran verwandt, wir wollen ebenso verfahren. Wenn im Teeblatt schon so viele gute Wirkungen und Vitamine schlummern, wollen wir sie auch erhalten und genießen, nicht mit kochendem Wasser abtöten.

Wir bringen das Wasser zum Sieden, gießen um in ein weiteres Gefäß, nähern uns so der idealen Aufgießtemperatur von etwa 80 °C. Es bringt auch nichts, zuviel Blattware zu nehmen, nach dem Motto: „Je mehr, desto besser." Beim Tee trifft das nicht zu. Eher geht alle Zartheit verloren.

☞ *Zwei-Kannen-System.* Das klingt so umständlich, ist es aber nicht. Man spült die erste Kanne reichlich mit heißem Wasser, sie soll dabei auch vorgewärmt werden. Dann füllt man heißes Wasser in die zweite Kanne, die Servierkanne, läßt es darin stehen. In die erste Kanne gibt man jetzt die gewünschte Teemenge mit dem Maß- oder Teelöffel. Dann wird mit siedendem Wasser aufgefüllt und abgedeckt. Die Zeituhr wird gedreht und der Tee zieht. Inzwischen leert man das heiße Wasser aus der Servierkanne, legt ein Sieb auf, ein Teesieb, das nicht flach wie ein Teller ist, sondern tief durchhängt. Flache Siebe können nicht genug Teeblätter fassen, und beim Eingießen des Tees in das flache Sieb gibt es leicht ein Spritzmuster rund um die Kanne. Das Sieb sollte aus neutralem Material sein.

Nach der Ziehzeit füllt man den Tee aus der ersten, der Zubereitungs-kanne, um in die zweite, die Servierkanne. Jetzt kann man auf einem Stövchen den Tee eine kurze Weile warm halten, aber nicht zu lange.

☞ *Die Kippkanne.* Man hat, seit bei uns Tee getrunken wird, daran gearbeitet, eine Teekanne zu konstruieren, in der das Teeblatt schwimmen kann, ohne daß man ein Sieb zum Abgießen braucht. So kam man auf die Kippkanne.

In moderner Zeit hat man die alten Überlegungen der Kippkanne wieder aufgegriffen und weitergeführt. Es gibt also Teekannen, in denen man nach dem üblichen heißen Umschwenken und Vorwärmen die Teeblätter einfüllen und heißes Wasser aufgießen kann. Und aus der Zubereitungskanne wird eine Servierkanne durch einen ganz einfachen Trick: Die Kanne kann gekippt weden. Sie hat eine Zwischenwand, die siebartig durchlöchert ist und das obere Drittel der Kanne von den unteren zwei Dritteln des Kannenraums trennt. Während wir also den Tee aufgießen, liegt die Kanne sozusagen auf dem Rücken. Nach der Ziehzeit wird die Kanne aufrecht gestellt, dabei sammelt sich der fertige Tee in dem unteren, größeren Kannenraum, die Teeblätter bleiben auf dem Sieb liegen. Diese Kanne ist sogar ähnlich wie ein Samowar zu benutzen: Man kann einen Tee-Extrakt herstellen, für den mehr Teeblätter genommen wurden. Nach dem Kippen füllt man den Extrakt portionsweise in die Tassen, jedem so stark, wie er's gern hätte. Dann gießt man mit siedendem Wasser auf.

Ich glaube wohl, daß die Kippkannen viele Freunde finden werden. Diese Kannen müssen natürlich sorgfältig gearbeitet sein – aus gutem Material. Daher sind sie nicht so ganz billig zu haben.

## 5. Gutes Beiwerk

Tee ohne Zugaben hat keine Kalorien. Manche Tees sind wie die Auslesen beim Wein. Um das besondere Aroma voll genießen zu können, trinkt man einen solchen Tee pur. Allgemein gilt aber, daß sich der Geschmack vieler Tees mit guten Ingredienzien abrunden läßt, wodurch sich der Genuß erhöht. Da ist einmal der Zucker. Soll man feinen Zucker nehmen oder Kandis? Durch den langsamen Kristallisationsprozeß hat der Kandis eine bessere Qualität. Schmeckt der Tee mit Kandis wirklich besser? Was sollen alle Worte – jeder kann es versuchen. Feiner Zucker löst sich ganz, Kandis nur so weit, wie wir es durch Umrühren bewirken. Ein ostfriesischer Kluntje soll sich nicht in der ersten Tasse schon ganz auflösen, sondern nur so weit, wie wir seine Süße benötigen. Der Rest bleibt in der Tasse und wird wieder knisternd übergossen.

## *Alles über guten Tee*

Eine weitere Beigabe ist Milch, Vollmilch oder süße Sahne, die halb oder ganz geschlagen wurde. Dosenmilch eignet sich weniger. An flüssigen Zusätzen gibt es weiterhin Alkoholisches für herbere Teesorten, z. B. Rum oder Köm, aber auch Zitronensaft und Honig. Manche schwören auf Akazienhonig wegen seiner Milde. Vorschriften gibt es hier keine. Man richte sich nur nach der Teesorte und dem eigenen Geschmack. Als feste Beilagen zum Tee eignet sich sowohl Süßes wie Salziges, das ist uns überlassen und hängt von der Gelegenheit ab. Es versteht sich von selbst, daß zu frischen Hefebrötchen mit Konfitüre oder zu süßem Gebäck der Tee eher ohne Zucker getrunken werden sollte. Gegensätze ziehen sich an! Andererseits mundet zu einem herzhaften Schinken- oder Käsebrot ein besonders gut gesüßter Tee. Versuchen Sie beides und nutzen Sie die guten Gelegenheiten!

## *Heiß oder kalt?*

### *Heißer Tee*

Die Orientalen trinken ihren Tee aus kleinen Schalen, in denen er schnell abkühlt. Auch in der Wüste erquickt man sich mit heißem Tee. Die Chinesen schlürfen aus ihren speziellen Teebechern (mit Deckel) ihren Tee laut vernehmlich und so heiß wie möglich: hier ist Schlürfen erlaubt! Beim Schlürfen zieht man Luft mit ein, um den Tee zu kühlen. Die Europäer hatten eine andere Art herausgefunden, wie man den heißen, frisch aufgebrühten Tee auch so frisch wie möglich trinken konnte: Man kippte die Tasse vorsichtig, ließ den Tee auf die Untertasse fließen, die man geschickt mit den Fingerkuppen der linken Hand stützte. Der Tee kühlte durch das Umgießen und durch die Berührung mit der noch nicht erwärmten Untertasse, außerdem durch die große Oberfläche schnell auf Trinktemperatur ab. So tranken auch meine Großeltern noch ihren Tee; die alten Untertassen hatten einen höheren Rand als heute. Wir Kinder übten fleißig, wir wollten den Tee auch trinken wie die Großen. Wie schon erwähnt, kann man den Tee eine Weile auf dem Stövchen warm halten, zumal das Kerzenlicht sehr stimmungsvoll die Teestunde aus dem Alltagsgrau heraushebt.

## *Kalter Tee*

Will man sich an heißen Sommertagen mit kaltem Tee erfrischen, dann genügt es nicht, Tee zu bereiten und ihn stehenzulassen. Sicherlich kühlt er ab, aber er kommt auch weiterhin mit der Luft in Berührung, die Oxidation dauert an. Der abgestandene Tee hat an Qualität verloren. Will man kalten Tee trinken, dann nimmt man *Eistee*. Bei seiner Herstellung bedienen wir uns eines Tricks: der Schockwirkung beim Tiefkühlen. Dadurch bleiben die Wirkstoffe und das Aroma voll erhalten. Also: Wir bereiten unseren Tee wie üblich, nur nehmen wir mehr Teeblätter, denn wenn sich die Eiswürfel auflösen, verdünnt das Eiswasser den Tee auf die gewohnte Stärke. Ehe wir diesen Tee-Extrakt über die aus dem Kühlschrank geholten Eiswürfel gießen, wird er gesüßt. Nun gibt es verschiedene Möglichkeiten, weiter zu verfahren, auf die im Rezeptteil näher eingegangen wird. Hier geht es zunächst um die grundsätzliche Zubereitung. Wir nehmen große Becher oder Gläser, füllen sie mindestens zur Hälfte, besser zu zwei Dritteln mit Eiswürfeln. Der heiße, gesüßte Tee wird darüber gegossen. Fertig ist unser Eistee. Wollen wir durch Zusatz von Obstsäften oder Alkoholischem den Geschmack noch variieren, dann darf das Glas, der Becher natürlich nicht ganz vollgeschenkt werden. Wer diese Köstlichkeit einmal versucht hat, kommt schnell auf den Geschmack. Für Eistees eignen sich auch die aromatisierten Tees besonders gut. Eistee ist bei steigenden Temperaturen sehr wohltuend, erfrischend, anregend – und preiswert dazu.

Wenn in deinem Gesicht
das Lächeln nicht stirbt –
und der Teetopf wird nicht kalt –
dann wirst du hundert Jahre alt.

*Nach Sadat Mamed-Kuli (98 Jahre) in Baku, Rußland*

Rezepte

# I. Heiße Tee-Getränke

## Tip 1

Tee verträgt sich mit vielem, nur die Zutaten vertragen sich untereinander nicht immer, zum Beispiel Milch und Zitronensaft!

## Tip 2

Wer Tee mit Zitrone oder Orange servieren möchte, kann sich einen Vorrat der Teezutat herstellen und dann in einen hübschen Krug füllen: 500 g Kandis mit dem Saft von vier Früchten (Zitronen oder Orangen oder beides) erhitzen (nicht kochen!), bis sich der Zucker gelöst hat. Abkühlen lassen, nach Bedarf damit süßen.

## Tee englisch

Bereiten Sie Assam-Tee zu und stellen Sie frische Vollmilch auf den Tisch. Vor dem Einschenken des Tees füllt jeder nach Belieben Zucker in die Tasse, darüber bis zu einem Viertel des Tasseninhalts die Milch. Darauf gießen Sie den heißen Tee. Die Engländer rühren um!

## *Tee ostfriesisch*

Eine Ostfriesenmischung Tee wie gewohnt zubereiten. Stellen Sie dicken weißen Kandis auf den Tisch, die sogenannten Kluntje, außerdem frische Sahne, zu der ein spezieller Sahnelöffel gehört. Den Kandis in die Tasse legen, den Tee knisternd aufgießen, über den Sahnelöffel vorsichtig eine Wolke Sahne in den Tee laufen lassen. Nicht umrühren, damit das „Wulkje" auch wirklich als Wolke bestehen bleibt. Natürlich löst sich der dicke Kandis noch nicht bei der ersten Tasse. Aber Sie trinken doch mindestens noch eine?

## *Versteckte Ostfriesen*

Ostfriesenmischung Tee wie gewohnt zubereiten. Kandis, etwas Rum und geschlagene frische Sahne auf den Tisch stellen. Den Tee über den Kandis geben, etwas rühren, dabei den Rum (nach Geschmack) einlaufen lassen. Über das Ganze eine Haube aus Sahne. Schlürfen!

## *Tee schottisch*

Das Wort „schottisch" deutet auf den Zusatz von Whisky hin. Der schwarze Tee (kräftige Sorte) wird wie gewohnt zubereitet, mit Kandis gesüßt, mit Whisky abgeschmeckt, mit geschlagener frischer Sahne zugedeckt – ein Genuß, bei dem die Schotten ihre Sparsamkeit vergessen.

> Hoffnung, das ist der Zucker im Tee.
> Ist sie auch klein, so gibt sie doch dem ganzen Süße.
>
> *Aus China*

## *Tip zur Punschbereitung*

Wer gern und viel mit Zucker mixt, der bereitet sich am besten einen Zuckersirup. Dieser Zuckersirup löst sich schneller. Hier das Rezept: Zu gleichen Teilen – zum Beispiel mit Hilfe einer Tasse – Wasser und Kandiszucker abmessen. Zum Kochen bringen, so lange rühren, bis der Zucker sich vollständig aufgelöst hat. Die Zuckerlösung in einer Flasche oder einem Krug kühl aufheben.

## Punsch 1

*1 Tasse doppelt starker Assam-Tee, 100 g Puderzucker (oder Zuckerlösung),
4–5 frische Eigelb, ½ l süße Sahne, Saft von 1–2 Orangen
oder 1 Orange und 1 Zitrone, guter Rum*

Ein größeres Gefäß ins Wasserbad stellen, Wasser heiß werden lassen
(aber nicht zu heiß!), Zucker und Eidotter im Gefäß schlagen, langsam die
Sahne einlaufen lassen, dann Tee und Saft. Den Punsch zum Schluß mit
Rum abrunden.

## Punsch 2

*1 Tasse starker Assam-Tee, ½ Tasse Rum, ½ Tasse Rotwein,
aufgelöster Kandis, weiß oder braun*

Gefäß ins Wasserbad stellen, Tee einfüllen, Wasser heiß werden lassen,
Rum und Rotwein in den Tee geben, unter Rühren den gelösten Zucker
zufügen, abschmecken und heiß servieren.

## Grüner Punsch

*3 Tassen milder grüner Tee (Japan), 1½ Flaschen Weißwein (trocken, herb),*
*1 Tasse Arrak, 2 Tassen Zucker (besser gelöster Kandis), Zitrone und Vanille*

In einem größeren Topf zum heißen Tee den Wein gießen, dabei weiter erhitzen, aber nicht kochen! Zucker, Arrak und Gewürze dazugeben, abschmecken und sofort einschenken!

## Runde Sache

*1 l heißer Tee, 2 Tassen Cognac, ½ l Rum (eher weniger), 250 g Honig,*
*2 ungespritzte Orangen, 3 ungespritzte Zitronen*

Die Schalen der Früchte abreiben, in den Cognac geben, ebenfalls den Zitronensaft. Zugedeckt ziehen lassen. Den Tee zubereiten, mitsamt dem Rum in einen großen Topf geben, den Honig darin auflösen, das Ganze dabei im Wasserbad heiß halten, zum Schluß den Cognac abseihen, auch zum Tee gießen. Abschmecken und heiß servieren.

## Tee Maraschino

Brühen Sie zur Abwechslung Ihren Teepunsch einmal so auf: Tee über Maraschino-Kirschen gießen, mit Maraschino das Ganze abrunden. Die Kirschen werden sich im Punsch wohlfühlen, und Sie werden sich nach dem Genuß noch wohler fühlen.

## Tee-Grog *(geht schnell)*

Heißen Assam-Tee nach Geschmack und Bedarf mit Rum auffüllen, Höchstgrenze halbe-halbe! Mit Zucker abschmecken. Prost!

## Tee mit Sienbohnen *(Rosinen)*

Eingelegte Sienbohnen gibt es fertig zu kaufen. Sienbohnen heißen bei den Ostfriesen die Rosinen. Sie werden in Rum eingelegt und zu Familienfestlichkeiten verzehrt, das fertige Gericht heißt „Sienbohn-soppen". Mit Bohnensuppe hat es nichts zu tun.
Wir besorgen uns diese Soppen, füllen ein wenig davon in die Tassen, gießen heißen Assam-Tee darüber – umrühren, fertig!

## Süße Inseln

*Kräftiger, schwarzer Tee (z.B. Assam), Rum oder Weinbrand*
*von etwa ¹/₂ Teemenge, etwas aufgelöster Kandiszucker,*
*Scheiben von geschälten Zitronen, feiner Zucker*

Tee und Alkohol gut heiß halten, schwach süßen, in feuerfeste Gläser füllen (nicht zu voll!), kleine Zuckerberge auf die Zitronenscheiben setzen,
die süßen Inseln auf dem Getränk schwimmen lassen, je 1 pro Glas. Vor
dem Trinken die „Insel" in den Mund nehmen (Könner können's ohne
Löffel), das Getränk durch Zucker und Zitrone hindurch schlürfen.

## Tee-Glühwein

*3 Tassen starker heißer Tee, 1¹/₂–2 Flaschen Rotwein, 250 g Zucker, 1 Tasse Arrak,*
*1 ungespritzte Zitrone, Stangenzimt, 4 Nelken, 1 Spur Muskat*

Die Zitronenschale abreiben (die weißfilzige Haut muß entfernt werden),
die Frucht in Scheiben schneiden, Kerne entfernen. Den Rotwein mit dem
Zucker im Topf erhitzen, dazu die Gewürze und die Zitrone. Mit dem Tee
auffüllen, zum Schluß mit dem Arrak verfeinern, heiß servieren.

## **Tee-Punsch für die ganze Familie**

*An Früchten wählen Sie aus unter: Ananas (oder Saft), Orangen (oder Saft),*
*Zitronen (oder Saft), Rosinen, Aprikosen, exotische Früchte, auch Feigen.*
*An Gewürzen wählen Sie aus unter: Anis, Zimt, Nelken, Muskat, Vanille,*
*wenig Basilikum, wenig Ingwer, wenig Kümmel,*
*sehr wenig Piment, sehr wenig Rosmarin, sehr wenig Koriander.*
*An Alkoholischem (nur für die Erwachsenen!) wählen Sie aus unter Sherry, Kirschwasser,*
*Maraschino, Arrak, Madeira…*

Jetzt bereiten Sie einen kräftigen Tee; beginnen Sie mit dem Süßen,
Würzen, Mischen, jeder in seinem Gefäß, aber vorsichtig! Würzen heißt
nicht, daß ein Aroma alles überdeckt. In froher Runde, besonders auch mit
Kindern (für sie aber ohne Alkohol!), kann das sehr lustig werden!
„Schmeck mal!", „Schmeck mal!" So gehen die Gläser reihum, man weiß
nicht mehr, welches das eigene war. Hauptsache, es schmeckt!

## Flammender Tee

*Kleingeschnittene Fruchtstücke, vorgewärmter Rum (über 50 %),*
*heißer, gesüßter Tee (Assam, Ceylon), feuerfeste Trinkgläser*

Die Fruchtstücke in die Gläser geben, bis zu ¼ oder ⅓ mit dem Rum auffüllen, den heißen Tee darüber, anzünden. Abwarten und dann Tee trinken! Werden Sie nicht zum Flammenschlucker!

Draußen Eis und Schnee
drinnen Rum im Tee.

## Lemon-Ananas-Punsch

Zunächst den „Bodensatz" für die Teegläser vorbereiten: Ananasfrüchte kleinschneiden, etwas Ananassaft mit Madeira mischen, über die Früchte gießen, zudecken, bis zum Verzehr ziehen lassen.
Etwa ½ l Aromatee „Lemon" zubereiten, ½ Flasche leichten Rotwein erhitzen, mit dem Tee zusammengießen. Jeder nimmt sich von den Früchten, mit dem heißen Getränk wird aufgefüllt. Wer will, kann mit wenig Rum oder Arrak abrunden. Wann gibt es den nächsten Punsch?

### Rot in Rot

*In gleicher Menge: Aromatisierter Tee „Black Currant", Rotwein,*
*Saft von schwarzen Jahannisbeeren, etwas Zitronensaft, Nelken*

In einem Topf Tee, Rotwein und Saft erhitzen (nicht kochen!). Die Nelken darin ziehen lassen. Mit Zitrone abschmecken, sofort servieren.

### Erröteter Tee

*Heißer Tee nach eigener Wahl, heißer Rotwein, aufgelöster Kandiszucker, Zitronensaft*

Den heißen Tee und den heißen Rotwein zusammengießen, dazu Zucker und Zitronensaft nach Geschmack.

### Zum Rotwerden

Heißen Ceylon-Tee mit Rotwein, Himbeersaft oder Himbeersirup, 1 Schuß Rum oder Weinbrand und mit gelöstem Kandiszucker auffüllen. Heiß trinken! Die Wangen werden rot.

## Großvaters Tee

Milch kochen, damit einen Tee stärkerer Sorte aufgießen (also kein Wasser nehmen!). Abgießen, leicht süßen. In der Tasse (nicht zu klein) 1 Eigelb mit etwas Zucker schaumig rühren. Mit dem Tee aufgießen. Wenn die Großmutter dem Großvater diese Wohltat bereitete, bekam ich auch eine Tasse voll. Der Großvater hat allerdings noch ein wenig Rum dazugetan.

Rinnt Tee in deinem Stundenglas,
wird Ruhe deines Lebens Maß.

## Ingwer-Tee

Bringt den Kreislauf in Schwung! Man bereitet einen kräftigen Tee, z.B. Assam-Tee. Dazu stellt man Kandis auf den Tisch, daneben Rum und ein Schälchen mit zerkleinerten kandierten Ingwerstückchen. Jeder mischt sich aus den Zutaten seinen Tee. Wer Ingwer nicht kennt, sollte damit vorsichtig sein. Man kann natürlich auch andere kandierte Früchte nehmen, außerdem Rosinen.

## *Heißer Kindertee*

Einen aromatisierten Tee nach Geschmack der Kinder zubereiten (Apfel, Aprikose, Birne oder Kirsch…), aber weniger Teeblätter nehmen, damit die Kinder viel trinken dürfen! Den heißen Tee mit Honig süßen, mit Obstsaft oder Himbeersirup abschmecken.

## *Tee Banane mit Milch (für die Kinder)*

Aromatisierten Tee „Banane" zubereiten, heiße Milch zugießen, etwas nachsüßen, vielleicht mit Honig. Mit etwas Zimt verfeinern. Hoffentlich reicht die Menge!

## *Tee Apfel-Honig (auch für Kinder)*

Den Aromatee „Apfel" wie gewohnt, aber nicht ganz so stark zubereiten, mit einem milden Honig süßen (z.B. Akazienhonig). Den Kindern wird es besonderen Spaß machen, die Aroma-Tees zu mischen, also einen eigenen Haustee herzustellen.

## II. Kalte Tee-Getränke

### Tip 1

Für unsere Getränke in froher Runde stellen wir den Tee, auch den Eistee, als Muntermacher her, das heißt, wir lassen ihn nicht länger als drei Minuten ziehen.

### Tip 2

Für alle Getränke, die mit kaltem Tee zubereitet werden, stellt man den Tee als Eistee her (doppelt stark, dann heiß über Eis). Läßt man aufge- brühten Tee einfach abkühlen, dann verändert er seinen Geschack, zieht nach, wird bitter.

### Eistee 1 (Grundrezept)

Eiswürfel im Tiefkühlfach herstellen. Würfel auf den Boden einer Kanne, eines Kruges legen. Einen doppelt starken Tee zubereiten, nach drei Minuten abgießen, mit Zucker und Zitrone abschmecken. Den Tee sofort heiß über die Eiswürfel gießen und umrühren. Das kalte Getränk aus einer Thermoskanne servieren.

## Eistee 2 (Mein liebster!)

Aprikosentee (Aromatee) doppelt stark zubereiten, süßen, nach Geschmack etwas Zitronensaft zugeben. Danach mit gutem Wermut abschmecken. Beim Schmecken noch etwas übrig lassen! Sofort kalt trinken oder in der Thermoskanne aufheben.

## Eistee 3

Starken Tee zubereiten, dem etwas Pfefferminztee zugefügen (es gibt auch Aromatee mit Pfefferminz). Mit Zucker und reichlich Zitrone abschmecken, heiß über die Eiswürfel gießen. Aus einer Thermoskanne servieren oder darin aufbewahren. Das macht munter!

## Nasse Anna

Von dem Aromatee „Ananans" einen ungesüßten Eistee bereiten. Von einer Dose Ananas den Saft abgießen, zum Eistee geben, mit Zitrone abschmecken. Die Früchte zerkleinert in ein Bowlengefäß legen, darüber den Tee gießen. Mit Sekt auffüllen, sofort servieren.

## Kühle Aprikose

Aromatee „Aprikose" doppelt stark aufgießen, süßen, über Eiswürfel gießen, mit Apricot-Brandy und Zitronensaft abschmecken, dabei mit Weißwein auffüllen. In der Thermoskanne aufbewahren und servieren.

## Kalter Kindertee mit Perlen

Aus einem Aromatee nach eigener Wahl einen Eistee herstellen (wie beschrieben). Diesen Tee mit entsprechendem Obstsaft auffüllen, zum Beispiel Aromatee „Apfel" mit Apfelsaft, „Black Currant" mit Johannisbeersaft. Zum Schluß mit Mineralwasser zum Perlen bringen.

## Lemon-Tee-Bowle

Einen mit Lemon (Zitrone) aromatisierten Tee als Eistee zubereiten, leicht gesüßt, dazu Stücke von Ananas und auch den Saft geben. Mit Sekt auffüllen.

### Tee-Ente

Schwarzen Tee süßen, heiß über Eiswürfel gießen. Mit Rum, Curaçao o.ä. abschmecken. Eine ungespritzte Zitrone spiralig und dünn abschälen. Das Kunstwerk in der Flüssigkeit schwimmen und ziehen lassen. Die Zitrone vom weißen Filz befreien, in feine Scheiben schneiden, die Kerne herauslösen. Die Schalenspirale entfernen, die Zitronenscheiben zufügen, mit Weißwein oder Sekt oder beidem auffüllen, sofort servieren.

### Großmutters Bowle

*1 ungespritzte Orange, 2 EL Zucker, 1/4 Flasche Wermut rosé, 1/4 Flasche Rosé-Wein, Zitronensaft, 1/2 l Eistee Darjeeling, 1 Flasche Sekt*

Die Orange dünn schälen, das Weiße der Frucht entfernen, Fruchtfleisch zerkleinern. Orangenschale und Fruchtfleisch mit dem Zucker in der Terrine ziehen lassen, dann mit den Weinen und dem Eistee auffüllen. Vor dem Einschenken mit Zitrone abspritzen, den Sekt dazugießen, auftragen und sofort trinken.

## *Eistee mit Vanilleeis*

Einen Aromatee (Aprikose, Birne o.ä.) doppelt stark zubereiten, süßen, über Eiswürfel gießen, umrühren, bis alles gelöst ist. Vanilleeis in Glasschalen verteilen, mit dem Eistee auffüllen. Auf jede Portion eine Haube aus geschlagener süßer Sahne setzen. Als Krönung eine kandierte Frucht oder ein Stück Obst aus dem Rumtopf. Davon kann man nicht genug kriegen!

## *Eistee mit Sahne*

Assam-Tee süßen, als Eistee zubereiten. Süße Sahne so lange schlagen, bis sie eben fest zu werden beginnt. Von dieser schaumigen Masse vorsichtig etwas in den Eistee einziehen. Den Rest der Sahne fest schlagen. Den Tee in Gläser füllen, Sahnehauben aufsetzen. Als letzte Tupfer etwas Orangenkonfitüre oder ein Stück kandierter Orange aufsetzen. Wer nicht aufpaßt, bekommt nichts ab!

## *Tee-Bowle*

Einen Eistee nach Wunsch herstellen, in der Thermoskanne aufbewahren. Nach Jahreszeit und eigener Wahl Obst zerkleinern und in eine Bowlenterrine füllen, möglichst Himbeeren dazugeben (im Winter aus der Tiefkühltruhe). Das Obst mit etwas Zuckersaft ziehen lassen, zudecken.

Vor dem Servieren das Obst mit Zitronen- und Apfelsaft übergießen, mit dem Eistee und Sekt auffüllen, die Menge von Saft und Sekt ganz nach eigenem Belieben bemessen. Eine Wonne!

Tee gehört zum Tag
wie der Glocke Stundenschlag

## Johannisbeer-Tee-Bowle (schnell zubereitet)

*$^1/_2$ l Eistee aus Darjeeling oder Aromatee „Black Currant",*
*$^1/_2$ l Saft von schwarzen Johannisbeeren, 1 Flasche Sekt*

Eistee zubereiten, in der Thermoskanne aufbewahren und in den Trinkgläsern mit Saft und Sekt auffüllen.

## Kiwi-Bowle

Einen milden Tee oder „Kiwi"-Aromatee für Eistee (also stärker zubereitet) süßen und übers Eis gießen. In der Thermoskanne aufheben. In eine Bowlenterrine Scheiben von Kiwi-Früchten schichten, nur wenig Zucker darüber, mit etwas Weißwein ansetzen. Nach dem Ziehen mit Eistee und Sekt auffüllen. Auftragen und genießen.

## Honig-Tee-Cocktail

In Tassen oder Gläsern Eistee herstellen, der mit Honig gesüßt wurde. In den Gläsern noch etwas Platz lassen. Ein Glas Cognac und etwas leicht geschlagene süße Sahne unterheben. Zum Wohl!

## *Tee-Cocktail mit Saft (schnelles Rezept)*

Eistee herstellen (nach eigener Wahl). Auf eine Tasse Eistee rechnet man eine Tasse Pampelmusensaft und zwei Tassen hellen Traubensaft. Das Ganze mit Sekt auffüllen, sofort servieren. Nehmen wir statt Sekt Mineralwasser, ist es ein Getränk für den Kindergeburtstag.

## *Sommerabend*

Einen Eistee aus einem Darjeeling herstellen, der mit Kandis gesüßt wurde, Zitronensaft dazugeben. In der Thermoskanne aufbewahren. Kleingeschnittene Zitronenstücke in die Gläser geben, auffüllen mit Eistee und Sekt. Weitere Rezepte lassen sich – mit Eistee und Fantasie – in allen Geschmacksrichtungen zubereiten. Auch hier gibt es eine Entdeckungsreise ins Reich des Teegenusses. Viel Spaß dabei!

## III. Süßspeisen, mit Tee zubereitet

### Teecreme mit Borke

*1 Tasse süße Sahne, 3 Tassen Tee (Assam), 1 Tasse Milch, 100 g Zucker,*
*35 g Speisestärke, Zitronensaft, Rum, Borkenschokolade*

Den Tee zubereiten, mit dem Zucker süßen. Die Speisestärke in der Milch verrühren, in den Tee einlaufen und kurz aufkochen lassen. Gelegentlich umrühren, abkühlen lassen. Mit Zitrone oder Rum abschmecken, die süße Sahne schlagen (es darf auch mehr als eine Tasse voll sein), vorsichtig unter die abgekühlte Masse heben, einen Rest Sahne übrig lassen, damit dick verzieren, mit Borkenschokolade reichlich bestreuen.

Tee –
een bäten bitter,
man bannig söt,
un mi is goot to Möt.

## *Teecreme mit Orangenkonfitüre*

*6 Blatt weiße Gelatine, ¼ l schwarzer Tee (Assam), 3 Eier,*
*Saft und Schale von 1 Orange, 1 Gläschen Rum oder Arrak,*
*100 g feiner Zucker, ¼ l süße Sahne, Orangenkonfitüre*

Die Gelatine in kaltem Wasser einweichen. Den Tee zubereiten, Eiweiß zu festem Schnee schlagen. Im Wasserbad Eigelb und Zucker cremig schlagen, nach und nach Schale und Saft der Orange dazugeben, dann den Alkohol. Im heißen Tee die ausgetropfte Gelatine auflösen, unterrühren. Unter gelegentlichem Umrühren erkalten lassen, Eischnee unterheben, zum Schluß auch die fest geschlagene Sahne, von der wir etwas zum Verzieren aufheben. Die Creme im Kühlschrank erstarren lassen, mit Sahne und Orangenkonfitüre reichlich verzieren. Keine Kalorien zählen!

## Tee-Gelee mit Schnee

*3 Tassen Assam-Tee, 50 g feiner Zucker, 6 Blatt weiße Gelatine, Rum oder Zitrone, süße Sahne, Vanillezucker*

Die Gelatine einweichen, den Tee zubereiten, mit Rum, Zitronensaft, Zucker verrühren, die abgetropfte Gelatine in der heißen Masse auflösen, alles in Portionsschalen oder in einer großen Schüssel kühl stellen. Nach dem Erstarren und vor dem Servieren die süße Sahne mit Zucker und Vanillezucker halbfest schlagen und als Sauce zum Tee-Gelee reichen.

## Wackeltee mit Zitrone

*12 Blatt weiße Gelatine, 1 l aromatisierter schwarzer Tee „Lemon", 1 Tasse Zucker, süße Sahne, Zitronensaft*

Die Gelatine in kaltem Wasser einweichen, Aromatee zubereiten, den Zucker darin auflösen, die abgetropfte Gelatine unter Rühren im Tee auflösen, die Masse erstarren lassen. Mit einem Messer würfelig zerhacken, auf eine Glasplatte schichten. Die Sahne wird mit Zucker geschlagen und gesondert gereicht.

## *Kaltschale mit Tee und Zitrone*

*6 Blatt weiße Gelatine, Saft von 2 Zitronen, $\frac{1}{2}$ l Aromatee „Lemon", süße Sahne, 300 g Zucker, kleine Suppen- oder Mandelmakrönchen, Mandelkrokant*

Die Gelatine in kaltem Wasser einweichen. Den Tee zubereiten, Zucker und Zitronensaft hineinrühren. Die abgetropfte Gelatine im Tee auflösen. Man kann etwas Zitronen-Eislikör zufügen. Die Flüssigkeit erkalten lassen, auf Suppenteller füllen, vor dem Verzehr mit etwas geschlagener Sahne, den Makrönchen (Mandelmakronen zerbröckeln) und dem Mandelkrokant verzieren.

## *Eiersahne*

*4 EL Tee, 1 EL Rum, 7 EL Zucker, 6 Eigelb, $\frac{1}{2}$ l Schlagsahne, kandierte Früchte*

Eigelb und Zucker schaumig rühren, langsam Rum und Tee zufügen. Zum Schluß vorsichtig die steif geschlagene Sahne unterheben. In Portionsschalen füllen, bis zum Verzehr kühlen, mit kandierten Früchten belegen.

## Tee-Eis

*1 Tasse starker Assam-Tee, 2 Tassen Vollmilch, 1 Tasse feiner Zucker,*
*½ Päckchen Vanillezucker, 5-6 Eigelb, süße Sahne, Rum oder Arrak*

Im Wasserbad alle Zutaten, außer der Sahne, unter Rühren und Wärme cremig werden lassen. Mit Alkohol abschmecken. Die Creme abkühlen lassen, ab und zu rühren. Vorsichtig die geschlagene Sahne unterziehen. Die Creme im Tiefkühlfach kühlen, vor dem Servieren mit Sahnetupfen und Obststücken verzieren.

## Zitronentee-Creme

*1 l süße Sahne, 1 Tasse Aromatee „Lemon", 3 Tassen feiner Zucker, 2 Zitronen, Vanille,*
*Zitroneneislikör, 12 Blatt Gelatine (rot oder weiß)*

Die Gelatine in kaltem Wasser einweichen. Den Tee zubereiten, Zucker und Gelatine darin auflösen. Zitronensaft und Zitronenlikör zufügen, auch die Vanille. Wenn die Masse genug abgekühlt ist, die steif geschlagene Sahne vorsichtig unterheben. Die Creme in Portionsgläser füllen, kühl stellen. Vor dem Servieren nach Belieben verzieren.

## *Sonntagscreme*

*6 Blatt Gelatine, 6 Eier, 1½ Tassen Zucker, 1 Tasse „Lemon"-Tee,*
*1 Tasse Weißwein, 1 Tasse Orangensaft, ½ Tasse Rum, ½ Tasse Zitronensaft,*
*½ l süße Sahne, Vanille oder Vanillezucker*

Die Gelatine in kaltem Wasser einweichen. Den Tee zubereiten. Ein Gefäß ins Wasserbad stellen, darin die Eigelb mit dem Zucker cremig schlagen (Das Wasserbad nicht zu heiß werden lassen!). Nach und nach Saft, Wein und Rum unterrühren. Die abgetropfte Gelatine im heißen Tee auflösen. Tee mit Gelatine sehr langsam in die Masse einlaufen lassen. Das Ganze etwas abkühlen lassen. Ehe es zu stocken beginnt, die steif geschlagene Sahne unterheben. Die Creme in Gläser oder Schalen füllen, gut gekühlt servieren, vorher nach Belieben verzieren.

## IV. Gebackenes zum Tee

Es gibt viele Möglichkeiten, Süßes oder Salziges zum Tee zu servieren. Hier können nur Anregungen gegeben werden. Wer keine Zeit zum Backen hat, der kann zum Tee auch helle und dunkle Brote reichen, belegt mit mildem Käse, Schinken, nicht zu scharf gewürzten Wurstsorten. Frisch gebackene Brötchen oder Toast werden mit Butter, guter Konfitüre und erlesenem Honig serviert.

### Brötchen mit Backpulver

*½ l warme Milch, 60 g zerlassene Butter, Eischnee aus 4 Eiweiß,
350 g Mehl mit 2 TL Backpulver gesiebt, 1 Prise Salz*

In den leicht geschlagenen Eischnee die Butter rühren, die Milch, das Salz und das Mehl. Kleine Formen einfetten, bis zur Hälfte mit dem cremigen Teig füllen. Im vorgeheizten Backofen bei guter Mittelhitze 10 Minuten backen, dann die Temperatur auf etwa 150 °C herunterschalten, die Brötchen gar backen.

## Brötchen aus Hefeteig

*500 g Mehl, 25 g Hefe, 1 Tasse Milch, mit Wasser gemischt, 50 g Butter, 1 Prise Salz*

Am warmen Ort das Mehl in eine Schüssel sieben, in der Mitte eindrücken. In dieser Vertiefung die Hefe mit etwas Zucker und lauwarmer Milch breiig anrühren, zudecken und 30 Minuten gehen lassen. Dann die restliche warme Flüssigkeit, die leicht gewärmte Butter und das Salz zufügen, gut durcharbeiten. Diesen Teig mit Mehl bestäuben und zugedeckt gehen lassen. Wenn er etwa doppelt so groß geworden ist, nochmals durcharbeiten, kleine Brötchen formen (bitte wirklich kleine!), auf ein gefettetes Blech setzen, nochmals kurz gehen lassen. Dann im vorgeheizten Backofen bei guter Mittelhitze in 10-15 Minuten abbacken.

Wer die Minuten geizig zählt,
dem geht die Zeit verloren.
Wer Tee und Maß bedächtig wählt,
der hat das Glück erkoren.

## Ingwer-Gebäck

*200 g Mehl (z.T. Gustin), mit 1 TL Backpulver gesiebt, 150 g Zucker, 100 g Butter oder Margarine in Flocken, 2 Eier, ein paar geriebene Mandeln, Vanille, 2 TL gemahlener Ingwer*

Alle Zutaten auf ein Backbrett geben, schnell zu einem Mürbeteig verarbeiten. Danach gut kühlen. Dann dick ausrollen, Plätzchen ausstechen oder – wenn es schneller gehen soll – Eckchen schneiden. Den Backofen schwach vorheizen. Die Plätzchen auf einem gefetteten Blech bei mittlerer Hitze backen. Noch heiß mit einem Guß aus Eigelb und Milch, mit Vanillezucker gewürzt, bestreichen. Mit kleinen kandierten Ingwerstückchen belegen.

## Aprikosentörtchen

*200 g Mehl, 125 g geschälte und geriebene Mandeln,*
*125 g Zucker, 150 g Butter,*
*Zimt, Aprikosenmarmelade, Mandelsplitter*

Das Mehl mit dem Backpulver auf ein Backbrett sieben. Die übrigen Zutaten, Zucker, Mandeln, Butter, Zimt unterkneten. Diesen Mürbeteig kühl ruhen lassen. Dann nicht zu dünn ausrollen und Scheiben ausstechen. Auf einem leicht gefetteten und gemehlten Blech bei mäßiger Hitze abbacken. Nach dem Erkalten je 2 Plätzchen zusammenfügen und die aufgerührte Aprikosenmarmelade dazwischengeben. Die Oberseite mit einem beliebigen Guß bestreichen und mit Mandeln bestreuen. Die Aprikosentörtchen mindestens einen Tag an einem kühlen Ort ziehen lassen.

## Honigkuchen

*200 g Honig, 100 g Zucker, 100 g Butter, 50 g Kakao, 200 g Mehl,*
*½ Päckchen Backpulver, 2 Eier, 1 Gläschen Rum, etwas Zitrone (Saft oder Schale),*
*2–3 Tropfen Bittermandelöl,*
*1 TL Honigkuchen- oder Lebkuchengewürz, 200 g getrocknete Früchte*
*(Korinthen, Rosinen, kandierte Kirschen, Orangeat, Zitronat, Aprikosen),*
*Orangenmarmelade*

Honig, Butter und Zucker leicht zerschmelzen lassen, gut verrühren und abkühlen lassen. Die Eier, den Rum, Zitrone und Bittermandelöl unterrühren. Das Mehl mit dem Backpulver, Kakao und Honigkuchengewürz in eine große Schüssel sieben. Die zerkleinerten Früchte unterheben. (Wenn man die dicken Rosinen durchschneidet, wird der Teig saftiger!) Den Teig geschmeidig rühren. Ist er noch zu fest, wird Rum zugegeben. In gefetteter Kastenform bei schwacher Hitze (175 °C) backen. Das dauert etwa eine Stunde. Dann stürzen, abkühlen lassen und mit Orangenmarmelade bestreichen. (Wenn sie zu fest ist , mit Rum verrühren). Am besten erhitzt man die Marmelade! Über den Marmeladenanstrich kommt ein mit Rum verrührter Zuckerguß. Dick genug aufstreichen, kandierte Früchte und halbierte Mandeln hineindrücken. Den Honigkuchen in Cellophan einschlagen und einige Tage an einem kühlen Ort ziehen lassen. In Scheiben geschnitten servieren.

## Knasterkuchen

*100 g Butter, 100 g Zucker, 100 g Mehl, 1 Päckchen Vanillezucker, 2 Eiweiß,*
*40 g Butter zum Bestreichen*
*Für die Streusel:*
*150 g Mehl, 90 g Zucker, 70 g geschmolzene Butter*

Butter sahnig rühren. Zucker und Mehl abwechselnd hinzugeben, dann das Eiweiß zu festem Schnee schlagen und vorsichtig unterheben. Das Backblech mit Butter bestreichen, den Teig dünn darauf ausbreiten. Die restliche Butter weichrühren, über den Teig streichen. Für die Streusel alle Zutaten zusammenkneten bis zu einer krümeligen Beschaffenheit. Die Streusel auf dem gefetteten Teig verteilen. Bei mittlerer Hitze abbacken, noch heiß in Streifen schneiden.

## Kirschbrotkuchen

*150 g Butter, 200 g Zucker, 500 g Schwarzbrot, 500 g entsteinte Kirschen*
*(Schattenmorellen), 200 g eingeweichte Sultaninen, 5–6 Eier,*
*Zitronen- und Orangenschale,*
*Zimt, Rum, 1 Prise Salz*

Das Schwarzbrot zerkrümeln, mit etwas Rum anfeuchten und ziehen lassen. Butter, Zucker und Eigelb schaumig rühren. Zitronen- und Orangenschale und den Zimt unterrühren. Jetzt das Brot einarbeiten. Das Eiweiß zu festem Schnee schlagen, dann vorsichtig unter den Teig heben, ebenso die Kirschen und Sultaninen. auf ein leicht gebuttertes Blech streichen. Bei mittlerer Hitze backen.

## Mandelbrotkuchen

*250 g Schwarzbrot, 60 g Butter, ½ Tasse Wasser, ½ Tasse Zucker, 3-4 Eier,*
*½ Tasse gehackte Mandeln, ½ Tasse Rosinen, 1 Messerspitze Zimt*

Das Brot zerkrümeln und mit dem Wasser übergießen, ziehen lassen. Eigelb, Butter und Zucker schaumig rühren. Mandeln, Rosinen und Zimt zufügen. Die beiden Massen zusammenrühren. Fest geschlagenen Eischnee unterheben. Bei mittlerer Hitze in einer gefetteten Kastenform backen. Backzeit etwa 1 Stunde.

## Heidesand

*250 g Butter, 250 g Zucker, 400 g Mehl, 2 Päckchen Vanillezucker, 1 Prise Salz*

Die Butter im Topf hellbraun werden und abkühlen lassen. Unter Zugabe des Vanillezuckers und des Zuckers schaumig rühren. Das Salz zufügen, zuletzt das gesiebte Mehl. Eine Rolle aus dem Teig formen. Diese in Zucker wälzen und gut kühlen. Von der festen Rolle Scheiben schneiden, bei mittlerer Hitze auf dem Backblech abbacken. Darauf achten, daß das Gebäck nicht zu dunkel wird! Es sollte eine sandhelle Farbe haben.

## *Englische Muffins*

*500 g Mehl, 1 TL Butter, 1 Tasse lauwarme Milch, 20 g Hefe, 1 Prise Salz*

Am warmen Ort das Mehl in eine Schüssel sieben. Die zerlassene Butter zufügen. Die Hefe in der Milch auflösen, unter das Mehl kneten. Den Teig zudecken und ruhen lassen. Die Ruhepause dauert etwa drei Stunden! Dann den Teig mit Mehl bestäuben, durchkneten. Sollte der Teig nicht geschmeidig sein, etwas warme Milch nachgießen. Nochmals mit Mehl bestäuben, zudecken und ruhen lassen. Den Backofen vorheizen. Das Backblech leicht einmehlen. Kleine (!) Bällchen formen, diese auf dem Blech etwas flachdrücken. Bei starker Hitze backen. Die Muffins werden goldgelb gebacken, dann dreht man sie einzeln auf dem Blech um. Das muß sehr schnell gehen! Kurz fertig backen. Die Brötchen noch warm servieren. Dazu wird Butter gereicht und ein guter Tee!

## *Englischer Teekuchen*

*500 g getrocknete, grob zerkleinerte Früchte
(z.B. Rosinen, Zitronat, Aprikosen, kandierte Kirschen,
auch Mandeln), 200 g Butter, 150 g Zucker,
300 g Mehl/Gustin-Gemisch, 2 TL Backpulver, 4 Eier,
1 Prise Salz, Rum, Zitronenschale*

Die Butter schaumig rühren, nach und nach den Zucker und die Eier zufügen, dann den Rum, die Zitronenschale und das Salz. Das Mehl-Gustin-Gemisch mit dem Backpulver sieben, unter die schaumige Masse heben. Zum Schluß vorsichtig die zerkleinerten Früchte unterrühren. In einer gefetteten Kastenform bei mittlerer Hitze backen.

☞ Zu einem englischen Teekuchen gehört Zitronat. Viele lehnen diese Zutat ab, sie sollten diese Frucht durch getrocknete Aprikosen ersetzen.

## *Krollkuchen (Zimthörnchen)*

Für Krollkuchen braucht man ein Krollkucheneisen. Die Anschaffung lohnt sich, da man aus 500 g Mehl 120 Krollkuchen herstellen kann, die sehr gut zum Tee passen, vielleicht mit einer Portion Schlagsahne. Man kann die Krollkuchen auf Vorrat backen, wenn man sie in einer gut schließenden Dose aufhebt. Die Dose mit Pergamentpapier ausschlagen!

*500 g Mehl, 250 g brauner oder weißer Kandis,*
*200 g Butter oder Öl, $^1/_2$ l Wasser,*
*1 Ei, 1 Schuß Rum, Anis, Zimt (gemahlen)*

Das Wasser zum Kochen bringen, den Kandis darin auflösen. Die Lösung abkühlen lassen. Die Butter schmelzen. (Ich nehme Öl, weil es einen hohen Siedepunkt hat). Alle Zutaten in das Wasser einrühren. Diesen flüssigen Teig mindestens drei Stunden (auch über Nacht!) zum Quellen stehen lassen. Vor dem Ausbacken nochmals durchrühren. Gegebenenfalls etwas Rum nachgießen.

Das Eisen erhitzen. Manche Eisen arbeiten fettfrei, manche muß man leicht mit Fett einreiben. Mit einem Löffel den Teig in die Mitte des geöffneten Eisens geben. Das Eisen schnell schließen, die Griffe kurz fest zusammenpressen, damit der Teig sich gut und dünn verteilt. Reißt der Teig Blasen, ist er noch zu fest. Entweicht kein Dampf mehr aus dem Eisen, den Deckel zurücklegen, die Waffel herunterheben. Das Eisen schließen, auf einem Tuch aus der Waffel ein Röllchen wickeln. Auskühlen lassen. Man muß zügig weiterarbeiten, sonst wird das Eisen zu heiß. Die ausgekühlten Röllchen in eine Dose legen, die gut verschlossen wird, am besten mit einem Klebestreifen. In manchen Gegenden Norddeutschlands ißt man diese krossen Waffeln als Neujahrskuchen.

Tee-ABC

# Tee-ABC

| | |
|---|---|
| Alavi Huis | Teeplantage auf Ceylon (Sri Lanka) |
| Alma | Teeplantage auf Ceylon |
| Ambiok | Teegarten in Darjeeling |
| Ambootia | Teegarten in Darjeeling, hochwertiger Tee |
| Aroma-Tees | aromatisierte Tees mit natürlichen, naturidentischen oder künstlichen Zusätzen |
| Assam | größtes Teegebiet der Welt in Nordindien, nördlich und südlich des Brahmaputra |
| Assam-Hybride | Kreuzung aus indischen und chinesischen Wildpflanzen, Grundlage der heute gepflanzten Teesträucher |
| Assam-Tee | Schwarztee, schwer, malzig, „creamy", reich an Gerbsäure, gut lagerfähig |
| Ätherische Öle | wichtige Bestandteile im Tee |
| Autumnal | Tee aus der Herbsternte, meist kräftiger im flavour |
| Badamtam | Teegarten in Darjeeling |
| Bah Buttong | Teeplantage auf Sumatra |
| Balasun | Teegarten in Darjeeling |
| Balisera | Teeplantage in Bangladesch |

| | |
|---|---|
| Bannockburn | alter Teegarten in Darjeeling |
| Baramasia | Teeplantage in Bangladesch |
| Beporwella | Teeplantage auf Ceylon |
| Blend | englisches Wort für Mischung |
| Bloomfield | Teegarten in Darjeeling |
| Bohea Tea | altbekannter chinesischer Tee, wurde bei der Bostoner Teaparty ins Meer geworfen |
| Borengajuli | Teeplantage in Assam |
| Bostoner Teaparty | Protestaktion der nach Amerika ausgewanderten Engländer l773 |
| Bread- and buttertea | Regentees, low quality |
| Broken | „gebrochen", Teeblattgröße und Beschaffenheit |
| Bukoba | Teeplantage auf Sumatra |
| Caddy | Behälter zur Aufbewahrung und zum Transport von Tee für den Eigenbedarf (früher in England üblich) |
| Camellia sinensis | Teepflanze (lat.) |
| Castleton | Teeplantage in Darjeeling, Spitzenqualität |
| Ceylon | Insel Sri Lanka, bedeutendes Teeanbaugebiet |
| Ceylon-Tee | Schwarztee, herb frisch, aromatisch |

## Tee-ABC

| | |
|---|---|
| Chadô | Tee-Weg der Zen-Buddhisten |
| Cha-No-Yu | Teezeremonie |
| Chamong | Teegarten in Darjeeling |
| Chakdah | Teeplantage in Uganda |
| Chemoni | Teeplantage in Kenia |
| Chinga | Teeplantage in Uganda |
| Chongtong | Teegarten in Darjeeling |
| Chuen cha | guter chinesischer Schwarztee |
| Chun chao | sehr guter Oolong (halbfermentiert) |
| Chun Hao | mit Jasminblüten aromatisierter Tee der chinesischen Kaiserfamilien |
| Cisaruni | Teeplantage auf Java |
| Cochin | Stadt in Südindien, Tee-Auktionen, hier wächst Kaltwetter-Tee |
| CTC | crushing, tearing, curling (neue Methode der Tee-Herstellung) |
| Darjeeling | indische Landschaft an den Südhängen des Himalaja, Teegärten bis in Höhen von 3000 m |
| Darjeeling-Tee | Schwarztee, zart, lieblich. gute und sehr gute Sorten mit viel Blume, oft nussig im Aroma |

| | |
|---|---|
| Daverashola | Teeplantage in Südindien |
| Dekhari | Teeplantage in Assam |
| Delmar | Teeplantage auf Ceylon |
| Devikulam | Teeplantage in Südindien |
| DH | Deutsche Härtegrade, Skala der Wasserhärte |
| Dhool | Aussiebungen nach dem Rollen der Teeblätter |
| Dimbula | Westküste Ceylons ,guter Tee aus der Frühjahrsernte (Januar, Februar, März) |
| Diuretin | Bestandteil im Tee, entwässernde Wirkung |
| Dooars | Landschaft mit Teeanbau in Nordindien, zwischen Darjeeling und Assam |
| Dooars-Tee | ähnlich wie Assam-Tee, neutraler im Geschmack |
| Doomur Dullong | Teeplantage in Assam (kräftiger Tee) |
| Dooteria | Teegarten in Darjeeling, der ausnahmsweise grünen Tee liefert |
| Dufflaghor | Teeplantage in Assam |
| Duragapur | Teeplantage in Assam |
| Dust | Tee-Aussiebung kleinster Substanz, kein Abfall (!), sehr ergiebig |
| Dyraaba | Teeplantage auf Ceylon, Tee mit vollem Aroma |

# Tee-ABC

| | |
|---|---|
| Earl Grey | spezielle englische Mischung aus indischen und chinesischen Tees, mit Bergamotte-Öl aromatisiert |
| Early morning tea | trinkt man in England, möglichst schon vor dem Aufstehen |
| Eierschalen-Porzellan | sehr dünnwandiges, kostbares Porzellan |
| Eildon Hall | Teeplantage auf Ceylon |
| Eistee | über Eiswürfeln geschockter Tee |
| Elevenses | Elf-Uhr-Tee der Engländer |
| Fannings | Tee-Aussiebung, kleine Substanzen (Blattränder, Blattsplitter) kein Abfall (!), in hochwertigen Teeaufgußbeuteln |
| Fermentation | Oxidationsvorgang (Gärung) bei der Herstellung von schwarzem Tee oder Oolong |
| First flush | erste Pflückung im Frühjahr (Darjeeling), sehr guter Tee, apartes, blumiges Aroma |
| Five-o'clock tea | Nachmittagstee |
| Flavour | Bezeichnung für „Geschmack" |
| Flush | Pflückung, Ernte |
| Fluor | Bestandteil im Tee, härtet Zahnschmelz |

| | |
|---|---|
| Frühstückstee | Mischungen von Tees mit kräftigem Aroma, meistens mit Ceylons |
| Fukien | chinesische Provinz, seit alters her Teeanbaugebiet |
| Gattonga | Teeplantage in Assam |
| Gerbsäure | Bestandteil des Tees, beruhigende Wirkung auf Magen und Darm |
| Gielle | Teegarten in Darjeeling |
| Ging | alter Teegarten in Darjeeling |
| Glenburn | Teegarten in Darjeeling |
| Glendale | Teegarten in Nilgri (Südindien) |
| Golden | Tee mit hellen Spitzen (auch „tips" genannt), entstanden durch schwächere Verfärbung der jüngsten Blätter mit höherer Feuchtigkeit |
| Gordon | Teeplantage auf Ceylon |
| Gotha | Teeplantage in Malawi |
| Grüner Tee | unfermentierter Tee |
| Grusinischer Tee | aus den UdSSR, leichter Tee, Plantagen um 1000 m hoch |
| Güneysu | Teeplantage in der Türkei |

| | |
|---|---|
| Guigta | Teeplantage in Assam |
| Gunpowder | speziell gerollter Tee aus China und Formosa, bitterer Geschmack |
| Halem | Teeplantage in Assam |
| Hattimara | Teeplantage in Assam |
| Herkulu | Teeplantage in Tansania |
| Highgrown | Bezeichnung für Hochlandtee |
| High Range | Teeanbaugebiet in Südindien |
| High tea | Teetrinken am Abend (England) |
| Hope | Teeplantage auf Ceylon |
| Ice Tea | siehe Eistee |
| Illam | Teeplantage in Nepal, zartblumiger Tee |
| Jungpana | Teegarten in Darjeeling, blumig. vollmundig, liefert besonders als second flush feinste Tees mit muscatel-flavour |
| Kadalaar | Teeplantage in Südindien |
| Kajoe Aro | Teeplantage auf Sumatra |
| Kalisong | Teeplantage in Assam |
| Kaltwettertee | langsam gewachsener Tee von besonderer Qualität |

| | |
|---|---|
| Kandis | langsam auskristallisierter, reiner Zucker |
| Kandy | Ceylon, Zentralhochland, liefert sehr guten Tee |
| Kapgwen | Teeplantage in Kenia |
| Kap Koret | Teeplantage in Kenia |
| Karawanentee | Mischungen in Anlehnung an die Tees, die früher auf dem Landweg von China nach Rußland transportiert wurden, leicht rauchig |
| Karberole | Teeplantage in Uganda |
| Kasindra | Teegarten auf Sumatra, leicht herber Tee |
| Kassiablüten | Blüten vom Zimtbaum, werden in China den Oolongs schon beim Fermentieren zugesetzt |
| Kassomalang | Teeplantage auf Java |
| Keemun/Keemun congou | chinesischer Schwarztee, wenig Koffein |
| Kenia | Staat in Afrika, in dem die FAO (Food and Agriculture Organisation) der UNO unter anderem mit dem Teeanbau begonnen hat |
| Kenia-Tee | Tee aus Kenia, würzig, aromatisch, nicht so lange lagerfähig |
| Kertasarie | Teegarten auf Java, liefert Tee mit fruchtigem Aroma |

# Tee-ABC

| | |
|---|---|
| Kip Koimet | Teeplantage in Kenia |
| Kippkanne | alter, wieder aufgegriffener Versuch, eine praktische Teekanne herzustellen |
| Kluntje | ostfriesische Bezeichnung für dicken Kandis |
| Kotagiari | Teeplantage in Südindien |
| Kudala | Teeplantage in Bangladesch |
| Kueihua | chinesischer Oolong mit Kassiablüten |
| Kurmul | Teeplantage auf Neuguinea, liefert Tee mit kräftigem Aroma |
| Lapsang Souchong | chinesischer Rauchtee (mit Rauchgeschmack) |
| Latta koo jan | Teeplantage in Assam |
| Lingia | Teeplantage in Darjeeling, Tees mit zartem, feinem Aroma |
| Lok-on | chinesischer Tee, als Magentee empfohlen |
| Lu Shan Wu | altbekannte Sorte chinesischen grünen Tees |
| Mabira | Teeplantage in Uganda |
| Mabrouki | Teeplantage in Kenia |
| Madupatti | Teeplantage in Südindien |
| Makaibari | Teegarten in Darjeeling |
| Malabar | große Teeplantage auf Java (Indonesien) |

| | |
|---|---|
| Mamushree | Teeplantage in Assam |
| Mannar | Teeplantage auf Ceylon, Tee mit spritzigem flavour |
| Marangi | Teeplantage in Assam |
| Mardjandi | Teeplantage in Südindien |
| Margaret's Hope | Teegarten in Darjeeling, vollaromatischer Tee |
| Marinyn | Teeplantage in Kenia, Tee mit fruchtigem Aroma |
| Matcha | grüner pulverisierter Tee (Japan), für Tee-zeremonie |
| Mary Hill | Teeplantage auf Ceylon |
| Methoni | Teeplantage in Assam |
| Mew Glencoe | Teegarten in Dooars |
| Mim | Teegarten in West-Darjeeling, fruchtiger Tee mit voller Blume |
| Mincing Lane | alte Straße in London, früher Zentrum des Teehandels (Auktionen heute in der High-Timber-Street) |
| Misebe | Teeplantage in Uganda |
| Mokalbari | Teeplantage in Assam, hervorragende, kräftige Tees |

| | |
|---|---|
| Moondakotte | Teegarten in Darjeeling |
| Munobwa | Teeplantage in Uganda |
| Murphulani | Teeplantage in Assam |
| Nagrifarm | Teegarten in Darjeeling |
| Namring | alter Teegarten in Darjeeling |
| Neptune | Teeplantage in Bangladesch |
| Nilgiri | Hochland in Südindien, bis 2500 m hoch, liefert sehr gute, aromatische Tees |
| Nonaipara | Teeplantage in Assam |
| Nousuch | Teeplantage in Südindien |
| Nowera Nuddy | Teeplantage in Dooars, liefert weiche Tees |
| Nurbong | Teegarten in Darjeeling, sehr guter Tee, lieblich, zart, blumig |
| Nuwara Eliya | Teeplantage auf Ceylon, Zentralmassiv, Teeanbau bis über 2000 m hoch, sehr gute Winterernten, lemon-flavour ohne Zusatz(!), kupferrote Tasse |
| Okayti | Teegarten in Darjeeling |
| Oolong | halbfermentierter Tee aus China und besonders zu empfehlen von Formosa (Taiwan) |

| | |
|---|---|
| Orangajuli | Teeplantage in Assam |
| Orange Pekoe (OP) | spezielle Blattbezeichnung in den Teeaussiebungen |
| Ostfriesentee | spezielle Mischung, für das Wasser in Ostfriesland gut geeignet, kräftiges Aroma, gemildert durch Zugabe von Kandis und Milch/Sahne |
| Pambanaar | Teeplantage in Südindien |
| Papandjan | Teeplantage auf Java |
| Parkside | Teeplantage in Südindien |
| Pascoe Woodlands | Teeplantage in Südindien |
| Pasir Nangka | Teeplantage auf Java, kräftiger dunkler Tee |
| Pekoe (P) | spezielle Blattbezeichnung in den Tee-Aussiebungen |
| Pertmanah | Teeplantage auf Ceylon |
| Phoobsering | alter Teegarten in Darjeeling |
| Pi Lo Chun | altbekannter grüner chinesischer Tee |
| Pingarawa | Teeplantage auf Ceylon |
| Pingsuey | Ausnahme unter den chinesischen Tees: schwarz und kräftig! |

## Tee-ABC

| | |
|---|---|
| Pirmed | Teeplantage in Südindien |
| Poochong | bekannter chinesischer Tee, während des Trocknens mit Jasminblüten aromatisiert |
| Prince of Wales | Teemischung, leicht rauchig |
| Prospect | Teeplantage in Südindien |
| Regentee | schnell gewachsener Tee minderer Qualität |
| Ringtong | Teegarten in Darjeeling |
| Risheehat | kleiner Teegarten in Darjeeling, spezielle Ernten, natürlicher muscatel-flavour |
| Rosentee | mit Blütenblättern der Rose aromatisierter Tee |
| Rungmook | Teegarten in Darjeeling |
| Russischer Tee | spezielle Mischungen in Erinnerung an die Zeit, als der Tee auf dem Landweg von China nach Rußland gelangte |
| Samowar | Gerät zum Erhitzen des Wassers für die Teezubereitung in der UdSSR, Türkei, Iran usw., oben auf dem Samowar der Tee-Extrakt in einer kleinen Kanne |
| Sangsua | Teeplantage in Assam |
| Satali | Teeplantage in Assam, dunkler, kräftiger Tee |

| | |
|---|---|
| Sathgoa | Teeplantage in Bangladesch |
| Second flush | zweite Pflückung (Juli, August, September), in Darjeeling sehr gute Qualität, herzhaftes Aroma |
| Sechung Oolong | halbfermentierter chinesischer Tee aus Amoy, hat spezielles, nicht eigens zugesetztes Pfirsicharoma |
| Selimbong | Teeplantage in Darjeeling, Tee mit blumigem Aroma |
| Sencha-Tee | spezieller japanischer Grüntee, Wasser zum Aufgießen darf nur ca. 80 Grad heiß sein, deshalb wird das siedende Wasser vor dem Aufgießen in ein zweites Gefäß umgefüllt |
| Sheila | Teeplantage auf Ceylon |
| Silloah | Teeplantage in Bangladesch |
| Singbulli | Teegarten in Darjeeling |
| Sirisi | Teegarten in Darjeeling |
| Sirikondra | Teeplantage in Südindien |
| Soom | Teegarten in Darjeeling |
| Souchong | Tee aus China, grobe Blattware, starker Rauchgeschmack |

## Tee-ABC

| | |
|---|---|
| Sreepore | Teeplantage in Bangladesch |
| St. Edwards | Teeplantage auf Ceylon |
| Steinthal | Teegarten in Darjeeling |
| St. James | Teeplantage auf Ceylon (Uva-Distrikt) |
| Sukiya | japanischer Teeraum (Ort der Fantasie) |
| Sungma | Teegarten in Darjeeling |
| Sun-Moon-Tee | Hochland von Formosa (Taiwan), angenehm herber, kräftiger Tee |
| Schwarzer Tee | voll fermentierter Tee |
| Szechuan | China, Tee mit zartem Aroma |
| Tannin | siehe Gerbsäure |
| Tarry Lapsang Souchong | unvermischter Rauchtee (China) |
| Tea taster | Tee(ver)koster |
| Tee-Auktion | Auktionen in wichtigen Umschlagplätzen für Tee, z.B. Kalkutta, Cochin, Colombo, Jakarta, London, Rotterdam |
| Teebedde Telbedde | Teeplantage auf Ceylon |
| Teebeutel | geklammerte Doppelkammerbeutel oder heißgesiegelte Papierfilterbeutel mit Fannings zur schnellen Teezubereitung |

| | |
|---|---|
| Teebowle | mit Tee (als Eistee zubereitet) wird eine erfrischende Bowle aufgefüllt (siehe Rezeptteil) |
| Teekiste | fast ausschließliche Verpackungsart für Tee in verschiedenen Größen |
| Teesieb | spezielles Sieb, sollte tiefe Form haben |
| Teesta Valley | berühmter Teegarten in Darjeeling, spezielle Ernten, Tee mit muscatel-flavour, Spitzenklasse! |
| Teezeremonie | in Japan aus alter Tradition gewachsener Brauch, den Gästen Tee zu servieren (Zen-Buddhismus) |
| Teeziegel | zu Ziegeln gepreßter Tee, in alten Teeschulen üblich, heute wegen Verzierung und Kuriosität auch als Wandschmuck |
| Tein | = Koffein, Bestandteil des Tees mit anregender Wirkung |
| Teltapara | Teeplantage in Bangladesch |
| Thea assamica | botanischer Name für Assam-Tee |
| Thea sinensis | botanischer Name für chinesischen Tee |
| Thiashola | Teegarten in Nilgiri |
| Theobromin | Spurenelement im Tee, entwässernde Wirkung |

# *Tee-ABC*

| | |
|---|---|
| Theophyllin | Spurenelement im Tee, entwässernde Wirkung |
| Thurbo | Teeplantage im Süden von Darjeeling, Spitzentee |
| Tigerhill | sehr hoch gelegener Teegarten in Darjeeling |
| Tin Kuan Yin | milder, halbfermentierter chinesischer Tee |
| Tip | Hinweis auf helle Spitzen in der Teeware, siehe unter „golden" |
| Tjibum | Teeplantage auf Java |
| Travancore | Teeanbaugebiet im Hochland Südindiens, besondere Qualität |
| Tugdah | alter Teegarten in Darjeeling, bekannt für besondere Qualität |
| Tukvar | Teegarten in Darjeeling |
| Tumsong | Teegarten im Westen von Darjeeling, besonderer Tee, flavour: fein, weich |
| Twyford | Teeplantage in Südindien |
| Uji | seit alters her japanische Teegärten |
| Uva | Ostseite Ceylons, beste Tees in der Trockenperiode (Juli, August, September) |
| Venesta | dreischichtiges Sperrholz für Teekisten |

| | |
|---|---|
| Venonie | Teeplantage in Nilgiri |
| Waltrim | Teeplantage auf Ceylon |
| Wewesse | Teeplantage auf Ceylon |
| Weißer Tee | seltener spezieller Tee aus China, weniger fermentiert als Oolong, spritzig, sehr helle Tasse |
| Windsor | Teegarten in Darjeeling |
| Woolong | sehr anregender chinesischer Grüntee |
| Yellapatty | Teeplantage in Südindien |
| Yünnan | Teeanbaugebiet in China, Schwarztee |
| Ziegeltee | in Form gepreßter und getrockneter Tee, siehe Teeziegel |

Diese Aufstellung erhebt keinen Anspruch auf Vollständigkeit. Leider gehen in den Ländern mit staatlichem Tee-Anbau die Plantagennamen verloren.

Wenn aus Ceylon politisch auch Sri Lanka wurde und aus Formosa Taiwan, so bleiben beim Tee doch die alten Namen erhalten.

# Verzeichnis
# der Rezepte

# Verzeichnis der Rezepte

## Heiße Tee-Getränke

## Verzeichnis der Rezepte

### Kalte Tee-Getränke

# Verzeichnis der Rezepte

# Verzeichnis der Rezepte

Mein besonderer Dank
gilt dem Deutschen
Teebüro in Hamburg,
das durch bereitwillige
Auskunft und zuverlässige Informationen diese
Arbeit wesentlich unterstützt und gefördert hat.

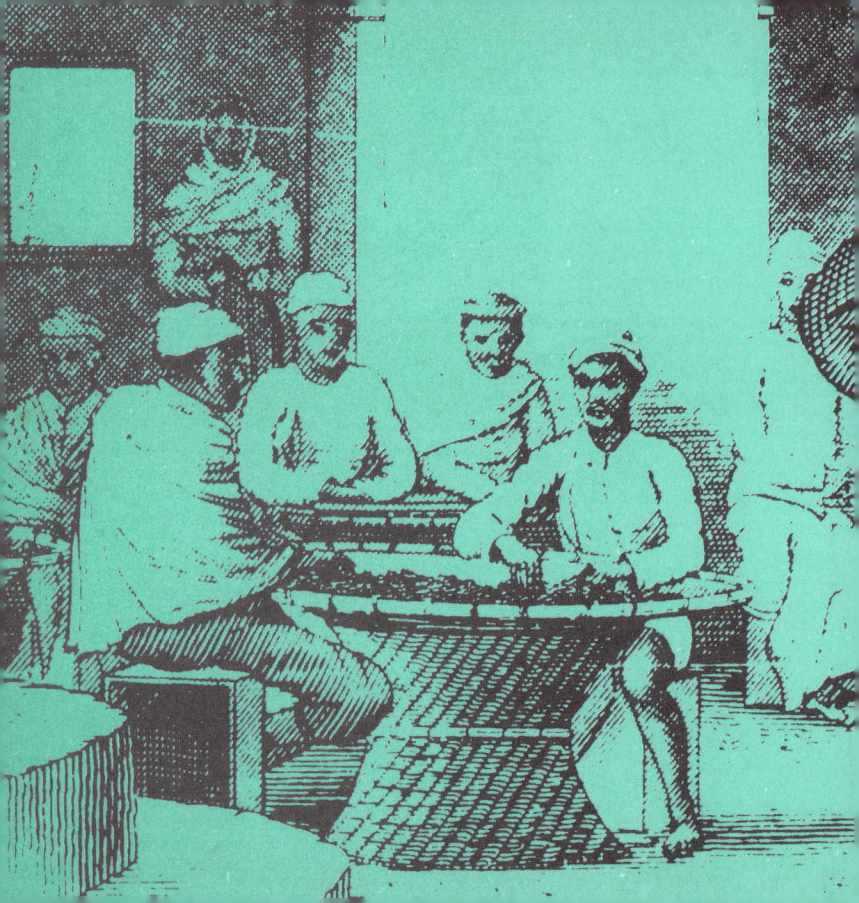